空间统计分析 R 语言

马 廷 编著

科学出版社

北 京

内 容 简 介

本书结合 R 语言对地理空间分析中常用的基础统计方法进行了系统的介绍。主要内容包括假设检验、相关分析、格局分析和回归分析四大类，共计 60 多种分析方法和模型。每一部分包含针对不同类型问题的统计分析方法原理介绍、实例演示和结果分析等。所有的实例讲解部分均给出了数据处理、分析操作和部分统计制图的详细代码。

本书可供地理学、环境学、生态学和相关领域的本科生、研究生与学者作为教学参考书及方法工具资料参阅。

审图号：GS 京（2022）1034 号

图书在版编目（CIP）数据

空间统计分析 R 语言／马廷编著 . —北京：科学出版社，2022.10
ISBN 978-7-03-073287-3

Ⅰ.①空⋯　Ⅱ.①马⋯　Ⅲ.①应用统计学−应用软件　Ⅳ.①C8

中国版本图书馆 CIP 数据核字（2022）第 180823 号

责任编辑：李晓娟／责任校对：樊雅琼
责任印制：吴兆东／封面设计：无极书装

科 学 出 版 社 出版
北京东黄城根北街 16 号
邮政编码：100717
http://www.sciencep.com

北京建宏印刷有限公司 印刷

科学出版社发行　各地新华书店经销
*
2022 年 10 月第 一 版　开本：720×1000　B5
2023 年 2 月第二次印刷　印张：13 3/4
字数：300 000
定价：148.00 元
（如有印装质量问题，我社负责调换）

前　言

　　空间分析是所有研究与空间有关问题的定量分析基础，为发现和理解空间现象与过程的规律性提供了面向数据分析的方法和技术手段。空间分析的范畴十分宽泛，是一个以概率统计和计算机科学为基础，以地理、生态、环境和其他相关领域为应用的典型交叉学科。空间分析涉及的方法十分庞杂，其中以统计为基础的空间统计方法的应用场景最为常见。实际上，大部分经典统计方法都可以直接用于空间相关问题的研究，也有专门为解决空间问题而发展的扩展方法。对于大多数非统计专业的人来说，系统地掌握这些方法并能在具体问题研究中正确应用，并不是件容易的事。目前的相关参考材料要么偏向方法的理论基础而缺少实际应用的联系，要么是结合具体的软件对方法进行散列式的介绍而缺少系统性。

　　本书是作者在多年讲授相关课程的基础上整理编写而成。根据多年的教学和科研经验，在繁杂的方法中进行了针对性地选择，主要是挑选那些在解决实际空间问题中最为基础和常用的代表性方法，并将这些方法归纳成假设检验、相关分析、格局分析和回归分析四个大类进行介绍，共涉及 60 多种统计分析方法和模型。

　　本书的目标是面向以应用为目标的非统计专业读者，通过本书的学习，能够使读者了解各种空间分析方法的理论基础、掌握方法的特点，以及能够进行正确的应用，并对整个空间统计分析的常用方法有清晰的了解。在内容的编写方式上，首先采用通俗易懂的方式对方法的理论和背景进行简洁的介绍，然后结合分析实例来说明方法的具体应用和操作，并对分析结果进行解读和说明，以加强读者对方法应用的理解和掌握。同时，对于涉及相关内容的核心概念和知识点进行了重点说明与讲解。

本书选取 R 语言进行方法分析实例的演示和解读。得益于全球开源社区的贡献，R 语言正成为数据分析和统计领域最被广泛使用的语言，并且各种最新研究和改进的分析方法也容易在 R 语言里找到。然而，开源社区存在的一个主要问题是各种分析功能包的质量参差不齐，本书选取的都是被广泛应用验证的功能包。此外，本书的绝大部分实例选自 R 语言和各种包自带的数据集，主要目的是方便读者进行代码的复现和学习。需要说明的是，R 语言与编程有关的内容超出本书范围，请读者参考相关资料。实际上，作为一种解释型的编程语言，以应用为目的的掌握还是很容易的。分析结果制图表达的重要性无需多言，虽然不在本书的内容范围之内，但在实例代码中还是给出了部分简洁的制图代码，以供读者参考。

袁泽和徐宇翾参与了第 1 和第 2 章部分内容的编写，朱自修和马芮涵对本书初稿进行了检查，在此一并表示感谢！

由于本人知识有限，本书内容难免会出现遗漏、偏差以及解读不到位的地方，敬请广大读者不吝赐教、批评指正！

马　廷

2022 年 6 月 1 日北京

目　　录

第 1 章 | 空间分析基础

本章主要包含两个方面的基础内容，一是对空间分析（spatial analysis 或者 spatial statistics）的概念、学科特点和相关的数据基础以及特有的可变面积单元问题（modifiable areal unit problem，MAUP）进行综合讲解；二是对空间统计分析方法中所涉及的概率（probability）和统计的基本概念结合 R 语言操作进行介绍，为后续具体分析方法的学习提供基础知识。

1.1 空间分析简述

1.1.1 空间分析

空间分析是个相对宽泛的概念，目前为止并没有公认的确切定义，并且其研究的内容、使用的方法以及解决应用问题的类型也是十分多样的，这充分体现了交叉应用学科的特点。从经验概括的角度来看，空间分析主要包含了一系列用来分析和处理空间对象的几何、拓扑和属性数据的方法，可以为发现地理现象和过程的规律性提供定量的数值分析、操作计算与统计证据支持。Charles Picquet 在 1832 年绘制的关于巴黎 48 个街区霍乱暴发情况的地图和 John Snow 在 1854 年绘制的霍乱病例点位图被看作空间分析最早的应用实例。从现在的空间分析角度来看，Charles Picquet 绘制的是典型的区域分级设色地图，而 John Snow 绘制的是点空间分布模式图。当时这两种地图主要是用于可视化的定性分析，用来发现霍乱病例的空间分布规律，而现在已经有更好的统计方法对其进行定量的解读和判断。

从非严格的一般性分类角度来看，空间分析主要由三大类方法组成，分别是基于经典统计方法的分析（如空间回归建模）、基于计算几何的分析（如叠置和缓冲区分析）以及其他数值分析方法（如数字地形计算）。本书的主要内容是面向统计推断类的系列方法的原理和实践操作，因此更侧重于空间统计类型分析方法的讲解和实践。

基于统计的空间分析方法通常是经典统计方法在分析空间（地理）问题上的扩展。空间现象通常具有显式或隐式的位置和相对位置关系（也就是拓扑）特征，这就需要对空间位置和关系信息进行处理，而分析结果通常也是与位置和位置之间的关系相关联。总体来看，空间统计分析的处理过程与其他统计方法是一致的，主要包括研究问题的提出、相关数据的收集与处理、定性的探索性分析、根据研究目标和数据特点选择合适的统计模型、进行统计分析与结果呈现等。

基于统计的空间分析方法不是单独发展的，通常是在经典统计分析方法上针对空间信息的扩展处理。实际上，完全针对空间问题的统计分析方法是很少的，而大部分的经典统计分析方法在空间问题的研究中却可以直接使用，或者针对空间对象的特点进行适当的分析处理，如可以将区域作为类别型的解释变量或者随机效应量（random effect）等。利用统计的方法来分析空间问题，主要可以归纳为四个类别：①假设检验，用于比较相似性和异质性；②相关分析（correlation analysis），用于定量联系的强度；③格局分析，用以挖掘时空分布的规律性；④回归分析（regression analysis），用以解释变化趋势与作用因素。本书在后面的章节中将对这四个类别的系列常用分析方法进行详细的介绍。

1.1.2 数据类型

针对具体研究问题的不同特点，通常会使用不同的调查、测量、观测和采样方法与技术手段，由此便会产生不同类型的样本数据。在执行具体的统计分析之前，首先必须对样本数据的类型有精确的判断，这是因为不同数据类型所适用的统计分析方法往往是不同的，并且不同的统计分析方法会产生差异性的分析结果，进而就会导致研究结果和结论的差异性，有时甚至会出现无明确意义的结果。实际问题研究中常见的样本数据类型如表 1-1 所示。

表 1-1　常见的数据类型

类型		例子
数值型	real-valued	温度、降雨、浓度、biomass…
二值型	binary	yes/no、true/false、success/failure…
类别型	categorical	land type、categorical income…
次序型	ordinal	unhappy/fine/happy/very happy…
计数型	count	building、tree、animal、car、people…
比率型	ratio	消费占比、性别比例…
区间型	interval	[1, 10] [11, 100] [>100] …
标签型	nominal	通常是没有特别含义的名称或标识

采样数据的空间表现形式主要包括区域属性类型（areal，如分省的人口数据）、站点观测类型（site，如气象观测数据）、位置记录类型（occurrences，如地震观测数据）和栅格属性类型（gridded，如各种类型的遥感产品数据）等。每一种形式的数据结构以及在空间变量处理方法上可能有所不同。此外，有时为了顾及随机变量（random variable）的量纲、取值范围、分布形式以及趋势的影响，需要在分析之前进行数据变换（transformation）处理。常用的变换方法包括中心化、标准化、归一化、对数变换、box-cox 变换等，并且每一种变换方法适应的条件也有差异，需要根据具体数据的特点、分析模型的要求以及分析目的来选择处理。

1.1.3　MAUP

MAUP 是地理或空间相关研究中一个典型的现象。虽然词组里面有"问题"这样的描述，并且也有研究认为这是统计推断偏差的主要来源，但其本质还是研究视角差异性的结果，并不是需要解决的真正的问题，更不可能有解决的办法。对 MAUP 表达的基本含义，可以有这样的理解：同一研究对象或者问题，由于研究的尺度（scale）和分区（zonation）的不同，可能产生不同的分析结果和结论。其中，尺度是指最小测量单元或观测粒度的大小，称为尺度效应（scale effects），典型的例子就是海岸线有多长取决于尺子的最小刻度；分区是指给定尺度上空间的划分（partition）或者聚合（aggregation）方式，称为分区或者聚合效应（zonation or aggregation effects），典型的例子就是区划的方式不同可能带来不同的统计结论。MAUP 既然是一个不可避免的现象，那么在分析具体问题的时候就需要特别注意采样数据的观测尺度以及空间化的方式，并且需要注意分析的结果和结论可能存在尺度与分区依赖性（dependence），甚至有些时候，适用的分析方法也可能存在差异性。

此外需要指出的是，与空间有关的数据通常都会涉及坐标基准（datum）和投影（projection）变换的问题，这是地图学的基础内容。众所周知，任何投影都不能同时避免角度、长度和面积变形。因此，在统计分析中凡是涉及空间量算时，要同时考虑数据源和计算目标的坐标基准与投影方式的差异性，以减少分析结果中可能由此带来的误差。在没有特别针对性处理方法的情况下，采用合适的投影方式也可以辅助性地解决计算误差的问题，如涉及面积计算时采用等面积投影，涉及距离计算时采用等距投影等。

1.2 概率统计基础

1.2.1 概率与概率密度函数

在概率和统计中，一个随机变量可以取一系列不同的值，取不同值可能性的相对大小采用概率来衡量。概率的取值范围在 0～1，0 表示绝对不可能发生，而 1 表示一定会发生。随机变量的类型可以分为离散的（discrete）和连续的（continuous）两大类。其中，离散的随机变量只能取有限的数值或者是可计数的值，而连续的随机变量可以取一个区间或者区间集合内的任意数值。对于离散的随机变量，使用概率质量函数（probability mass function）来刻画取值的相对可能性大小；对于连续的随机变量，使用概率密度函数（probability density function）来描述取某个给定值的概率。概率质量函数和概率密度函数给出了随机变量每一个可能结果的相对可能大小，构成了概率分布（probability distribution）。

概率分布有着严格的理论基础和数学表达，图 1-1 展示了三种常见的连续型概率密度函数（具体操作见代码 1-1）。其中，横坐标为随机变量的取值，纵坐标为取值的相对可能性大小。对于连续型的概率密度函数来说，其曲线下的积分面积为 1；对于离散型的概率密度函数来说，概率密度与取值的乘积之和为 1。此外，在本书所有的演示代码中，如果没有特别说明，"##" 后面表示注释，">" 后面表示输入的代码，"+" 后面表示输入代码换行，library 函数后面表示载入需要的功能包，无特殊符号的部分表示计算结果的输出内容。

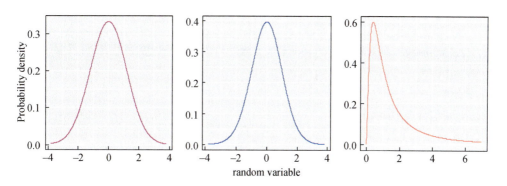

图 1-1　三种常见的概率密度函数

左表示正态分布（normal distribution），中表示 t 分布，右表示 F 分布

代码 1-1 概率密度函数

```
## 载入包
>library(ggplot2)
>library(patchwork)

## 正态分布
>x<-seq(-3.8, 3.8, 0.01)
>d_norm<-dnorm(x, mean=0, sd=1.2)
>pdata<-data.frame(x=x, y=d_norm)
## 绘图
>p1<-ggplot(pdata, aes(x=x, y=y, , group=1))+
+      geom_line(size=1, color="mediumvioletred")+
+      labs(y="Probability density")+
+      theme(axis.title.x=element_blank(), legend.position="none")

## t 分布
>d_t<-dt(x, df=30)
>pdata<-data.frame(x=x, y=d_t)
## 绘图
>p2<-ggplot(pdata, aes(x=x, y=y, , group=1))+
+      geom_line(size=1, color="blue")+
+      labs(x="random variable")+
+      theme(axis.title.y=element_blank(), legend.position="none")

## F 分布
>xf<-seq(0, 7, 0.01)
>d_f<-df(xf, df1=6, df2=3)
>pdata<-data.frame(x=xf, y=d_f)

## 绘图
>p3<-ggplot(pdata, aes(x=x, y=y, group=1))+
+      geom_line(size=0.8, color="indianred1")+
+      theme(axis.title.x=element_blank(),
```

```
+      axis.title.y=element_blank(), legend.position="none")
```

拼接显示
>p1+p2+p3

R 语言支持所有常用的概率分布函数、概率密度函数以及满足特定分布的随机数生成的操作。其中主要的操作函数有四种，函数的名字分别以字母 p、q、d 和 r 开头，表 1-2 列出了常用的概率分布及其具体操作函数的名称。具体的每一种概率分布的确切数学表达、性质和参数计算，可以参考 Forbes 等（2011）编写的 *Statistical Distributions* 一书。

表 1-2　R 语言常用的概率分布和操作函数

概率分布	操作函数			
	分布	分位数	密度	随机数
Beta	pbeta	qbeta	dbeta	rbeta
Binomial	pbinom	qbinom	dbinom	rbinom
Cauchy	pcauchy	qcauchy	dcauchy	rcauchy
Chi-Square	pchisq	qchisq	dchisq	rchisq
Exponential	pexp	qexp	dexp	rexp
F	pf	qf	df	rf
Gamma	pgamma	qgamma	dgamma	rgamma
Geometric	pgeom	qgeom	dgeom	rgeom
Hypergeometric	phyper	qhyper	dhyper	rhyper
Logistic	plogis	qlogis	dlogis	rlogis
Log Normal	plnorm	qlnorm	dlnorm	rlnorm
Negative Binomial	pnbinom	qnbinom	dnbinom	rnbinom
Normal	pnorm	qnorm	dnorm	rnorm
Poisson	ppois	qpois	dpois	rpois
Student t	pt	qt	dt	rt
Uniform	punif	qunif	dunif	runif
Weibull	pweibull	qweibull	dweibull	rweibull

　　下面就以最为常见的正态分布为例，简单说明这些操作函数的作用和用法。这些操作函数在使用的时候，需要指定与分布特征有关的参数，包括均值（mean）、标准差（sd）、自由度（freedom）以及取值范围等。当然，不同分布的特征参数是不同的。对于正态分布来说，需要输入均值和标准差，在这里使用标准正态分布（即 mean = 0，sd = 1）作为例子来进行说明。在四个常用函数中，pnorm 是用于计算给定随机变量值对应的累积概率密度值，qnorm 是用于获取给定累积概率密度值对应的随机变量取值，dnorm 是用于计算给定随机变量值对应的概率密度值，rnorm 是生成给定个数的满足正态分布的随机数，具体的例子如代码 1-2 和对应的运行结果所示。

代码 1-2　　正态分布的操作函数

```
>pnorm(0, mean=0, sd=1)
[1] 0.5

>qnorm(0.5, mean=0, sd=1)
[1] 0

>dnorm(0, mean=0, sd=1)
[1] 0.399

>rnorm(15, mean=0, sd=1)
[1]-0.127  0.965  -1.551  -0.931  0.460  0.657  1.301  0.953  -0.152  -0.549
[11]-1.043  -0.250  -0.300  -2.254  0.399
```

1.2.2　随机变量的数字特征

　　在统计中，总体（population）是指具有某种感兴趣共同属性的所有元素的完全集合，也构成了统计分析的目标对象。统计样本

（statistical sample）是来自总体的一个子集，可通过选择、调查和采样等方式获得，为了通过样本能够准确地学习到总体的特征，采样的过程必须是随机的（random）。一个样本的组成元素（elements）通常称为样本点（sample points）、采样单元（sampling units）或者观测（observations）。一个样本包含的样本点的多少，称为样本量（sample size）。通常所说的参数（parameters）指的是总体的特征，而统计量（statistic）一般是样本的特征。

在实际问题的研究中，一个随机变量的确切概率分布形式和参数往往很难确定，一般是通过样本来对总体的特征进行估计，称为统计推断（statistical inference）。数字特征就是用来根据观测样本数据刻画随机变量总体的分布情况。常包括样本的均值（mean, $\bar{x}$）和方差（variance, S^2），可以看作对总体期望（μ）和方差（σ^2）的无偏估计，还有中位数（median）和分位数（quantile）等。其中，样本均值描述的是观测值分布的中心趋势，而样本方差是对观测值偏离均值程度的描述，中位数是处于观测值大小中间位置所对应的值，分位数则是按照观测值大小将变量分割成连续等概率分布（频率）区间的值。显然，中位数是二等分的分位数，四分位数则是将观测数据分割为4个区间的值。下面以 R 自带的数据集 mtcars 为例，来说明这些数字特征的计算方法（代码 1-3）。mtcars 包含了 32 种不同类型汽车的 11 个指标的测量数据，在这里考虑其中的重量指标 wt，计算均值、方差、中位数和分位数的函数分别是 mean、var、median 和 quantile。其中值得注意的是，计算方差的时候，R 语言采用的是除以样本量 $n-1$（无偏估计），而不是样本量本身。

代码 1-3　样本数字特征计算

```
>mean(mtcars $ wt)
[1] 3.217

>var(mtcars $ wt)
```

```
[1] 0.9574

>median(mtcars $ wt)
[1] 3.325

>quantile(mtcars $ wt, probs=seq(0, 1, 0.25))
  0%     25%     50%     75%     100%
1.513   2.581   3.325   3.610   5.424
```

1.2.3　点估计与区间估计

统计估计是由样本来推测总体特征,就如上面计算的均值和方差那样,是由样本数据给出总体特征的一个最优估计值(the best estimate),称为点估计(point estimation)。由于采样数据的代表性和误差等,还需要进一步计算总体分布特征值可能出现的区间,称为区间估计(interval estimation),它是对总体特征值估算不确定性的一种测量。最常用的区间估计方式包括基于频率统计的置信区间(confidence intervals,CI)和基于贝叶斯统计的可行区间(credible intervals)。在这里主要说明总体期望 μ 的置信区间估计方法。对于 μ 的置信区间估计,有参数估计(parametric estimating)和非参数估计(nonparametric estimating)两种方法。其中,参数估计的计算公式为

$$\mu = \bar{x} \pm Z_{\alpha/2} \frac{\sigma}{\sqrt{n}} \tag{1-1}$$

式中,$\bar{x}$ 是样本均值;n 是样本量;σ 总体的标准差;α 是置信水平;$Z_{\alpha/2}$ 是给定置信水平下的置信系数(也就是分布的临界值),通常在 σ 未知的情况下,根据 t 分布来计算其大小。对于上例中的 wt 变量,借助于 t 分布的操作函数和式(1-1),在 $\alpha = 0.05$ 条件下的95% CI 的计算和结果如代码1-4所示。

代码 1-4　期望置信区间的 t 分布估计

```
>x<-mtcars $wt
>n<-length(x)
>mean(x)
[1] 3.217

>mean(x)-qt(0.975, n-1) * sd(x)/sqrt(n)
[1] 2.864

>mean(x)+qt(0.975, n-1) * sd(x)/sqrt(n)
[1] 3.57
```

代码 1-4 中的计算结果可以通俗地理解为有 95% 的把握汽车重量的总体期望落在 2.864~3.57 这样一个区间内。此外，对于总体方差 σ^2 置信区间的参数估计，一般借助于卡方分布来进行，计算公式为

$$\frac{(n-1)S^2}{\lambda_2} \leqslant \sigma^2 \leqslant \frac{(n-1)S^2}{\lambda_1} \tag{1-2}$$

式中，S^2 是样本方差；λ_1 和 λ_2 是给定自由度的卡方分布在累积概率密度为 0.025 和 0.975 时对应的临界值（对应 95% 的置信区间估计）。

在统计分析中，所谓的参数统计方法（2.1 节会具体讲到）一般要求样本代表的总体满足正态分布。而在实际研究的问题中，并不是所有的随机变量都（甚至可以说很少有随机变量）满足这样的条件。因此，非参数化的统计估计方法往往更为常用，因为此类方法对于样本的异常值（outlier）不敏感，会带来更为稳健的（robust）统计分析结果。

这里介绍如何使用最常见的 Bootstrap 方法来估算总体期望的置信区间。Bootstrap 方法的基本操作是对一个观测样本经多次重复（有放回）随机抽样而产生的系列新样本，然后对每个重新采样的样本分别计算其均值（或者其他特征参数），最后对所有计算的均值通过分位数来推算置信区间。对于上例中的 mtcars $wt 变量，利用 Bootstrap 方

法估算总体期望的置信区间，如代码 1-5 所示。

代码 1-5　置信区间的 Bootstrap 估计

```
>library(boot)
>set.seed(91827)
>x<-mtcars$wt

>b<-boot(x, function(u,i) mean(u[i]), R=1001)
>boot.ci(b, conf=0.95, type=c("perc", "bca"))
BOOTSTRAP CONFIDENCE INTERVAL CALCULATIONS
Based on 1001 bootstrap replicates

CALL :
boot.ci(boot.out=b, conf=0.95, type=c("perc", "bca"))

Intervals :
Level     Percentile          BCa
95%    ( 2.903,  3.542 )   ( 2.912,  3.553 )
Calculations and Intervals on Original Scale
```

　　这里用到了 R 语言的 boot 包，由于在计算过程中存在随机采样操作，为了保证估算结果的可重复性，通过 set.seed 函数来设置固定的随机数发生器的种子。参数 $R=1001$ 指定了重复抽样的次数，conf 参数指定置信水平，perc 参数表明采用分位数的方式来获取置信区间，bca 是对 Bootstrap 随机抽样所带来偏态分布进行校正后的结果。此外，将代码中的 mean 替换为 var 或者 median 就可以利用该方法对方差和中位数的置信区间进行估算。

1.2.4　箱线图

　　在描述统计的方法中，箱线图（boxplot）是一种能够直观展示随机变量采样数据分布特征的图形化表达方法，又被称作盒式图、箱形图等，是在论文和报告中被经常使用的数据展示方式。boxplot 主要是借助于样本数据的四分位数进行制图表达，直观地包含了样本数据的分析信息，其主要的组成部分和定义如图 1-2 所示。当然，其中关于最大值和最小值以及对应的异常值还有其他不同的定义方式，但基本的原理是类似的。此外，最大值和最小值的定义方式还经常被用于数据中异常值的识别与筛选。

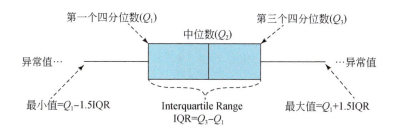

图 1-2　boxplot 示意

在实际应用中，为了更加直观地展示具体数据的分布情况，还陆续发展出了 stripchart、violin 和 beeswarm 等关于变量分布的展现形式，基本的原理与 boxplot 是类似的。代码 1-6 是对 R 语言自带的鸢尾花数据集 iris 中关于萼片宽度数据分布情况进行的几种制图操作，结果如图 1-3 所示。每一种分布图的特点是非常清楚的，可以根据情况选择使用。

代码 1-6　几种不同的类 boxplot 绘图

```
## boxplot 与 stripchart
>boxplot(iris$Sepal.Width, outline=FALSE, boxfill=c("cyan"))
>stripchart(iris$Sepal.Width, add=TRUE, vertical=TRUE,
+    cex=0.8, pch=20, col='red', method='jitter')

## violin 图
>library(vioplot)
```

```
>vioplot(iris$Sepal.Width, plotCentre="line", col='cyan')
```

```
## beeswarm 图
>library(beeswarm)
>beeswarm(iris$Sepal.Width, pch=16, cex=0.8, col='blue', method=
"swarm")
```

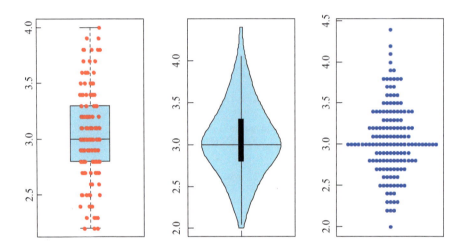

图 1-3　三种不同的采样数据分布

左表示 boxplot 与 stripchart，中表示 violin 图，右表示 beeswarm 图

1.3　R 语言基础

1.3.1　R 语言简介

R 是一套完整的用于数据处理、统计分析和制图的解释型编程语言与操作环境。R 语言最初是由奥克兰大学的 Ross Ihaka 和 Robert Gentleman 创建，被看作 S 编程语言的一种实现。R 语言属于 GNU 开源软件，可以运行在 Windows、Linux 和 Mac OS X 等多种操作系统上。

R 语言实际上是一个综合的数据统计分析平台，几乎所有类型的数据分析工作都可以在 R 语言中完成。同时 R 语言有着完整的社区支持，使用者可以比较容易地在社区内找到各种 R 语言应用的实例和问题的解决办法。R 语言可以在 CRAN（The Comprehensive R Archive Network，http：//cran. r-project. org）上免费下载。R 语言诞生 30 多年来充满生机的原因就在于 R 社区为用户提供了大量的包来扩充和不断更新 R 语言的功能。R 语言包是函数、数据和文档的集合，提供了种类繁多的操作函数和数据集，是对 R 基础功能的扩展。

1.3.2　R 语言基础内容

R 是一种函数式编程语言，在数据分析和统计编程时具有良好的交互性，因此在数据分析的各阶段都显得十分灵活。R 是一种区分大小写的解释型语言，使用者可以在控制台中提示符 ">" 后面输入代码并执行一条命令，或者一次性执行写在脚本文件中的一组命令。使用命令 install. packages 可以安装相应的包，通过 library 命令便可以在 R 会话中使用。

R 语言最常见的两类对象就是函数和数据。R 语言中基础的数据结构包括向量（vector）、矩阵（matrix）、数据框（data. frame）、数组（array）和列表（list）五类，其他的大部分数据对象都是在这几类基础上构建的。针对不同数据对象，R 语言基础包提供了系列用于不同处理的操作函数，被广泛使用的 tidyverse 系列包则是为应对各种复杂数据处理开发的。ggplot2 以及在此基础上开发的各种工具包则为数据可视化与制图提供了强大的支持。关于 R 语言的具体使用已经超出了本书的范畴，可以根据情况参考相应的资料。本书所列的代码是在 R 语言 4.1.1 版本下执行的。下面简单介绍一下有关空间数据的读取和可视化操作。

1.3.3 空间数据处理

矢量和栅格是两种最常用的空间数据类型，基本的处理操作涉及数据的读取与可视化，能够完成相应功能的 R 语言包也有很多，下面以 sf 包为例来展示矢量数据的读取与绘制，以 stars 包来说明栅格数据的读取与绘制。示例的矢量数据来自 spData 包自带的波士顿房产价格的 ESRI Shapefile 文件，利用 sf 包的读取操作如代码 1-7 所示。

代码 1-7 矢量数据读取

```
>library(sf)

## 获取示例 Shapefile 文件的路径
>file_path<-system.file("shapes/boston_tracts.shp",
+    package="spData")

## 读入 Shapefile 文件到 boston_tracts 中
>boston_tracts<-st_read(file_path)
Reading layer ' boston_tracts' from data source
  'D:\Program Files\R\R-4.1.1\library\spData\shapes\boston_tracts.shp'
  using driver 'ESRIShapefile'
Simple feature collection with 506 features and 36 fields
Geometry type: POLYGON
Dimension:    XY
Bounding box:xmin:-71.52311 ymin: 42.00305 xmax:-70.63823 ymax: 42.67307
Geodetic CRS:    NAD27

## 保留示例文件中用于展示的属性列
>boston_tracts<-boston_tracts[c("poltract","TOWN","MEDV")]

## 预览数据
>head(boston_tracts)
```

```
Simple feature collection with 6 features and 3 fields
Geometry type: POLYGON
Dimension:      XY
Bounding box:xmin:-71.1753 ymin: 42.33 xmax:-71.1238 ymax: 42.3737
Geodetic CRS:   NAD27
  poltract                    TOWN MEDV                    geometry
1     0001 BostonAllston-Brighton 17.8 POLYGON ((-71.1238 42.3689,...
2     0002 BostonAllston-Brighton 21.7 POLYGON ((-71.1546 42.3573,...
3     0003 BostonAllston-Brighton 22.7 POLYGON ((-71.1685 42.3601,...
4     0004 BostonAllston-Brighton 22.6 POLYGON ((-71.1539 42.3461...
5     0005 BostonAllston-Brighton 25.0 POLYGON ((-71.1479 42.337,...
6     0006 BostonAllston-Brighton 19.9 POLYGON ((-71.1382 42.3535,...
```

　　从代码 1-7 中查看数据的结果可以发现，使用 sf 包读取 Shapefile 文件到内存中时，数据对象是一个类似于数据框的结构，被称作 simple feature （sf） 对象。sf 对象可以视为将矢量数据的属性表加上一列记录地理位置信息的 geometry 列的数据框，并且在进行子集筛选时即使并没有带上 geometry 标签仍然会默认保留下来，这是 sf 对象与普通数据框类型的主要区别。代码 1-8 展示了根据数据中的 MEDV 属性进行分级设色的简单地图绘制 （图 1-4）。这里使用的是 ggplot2 包提供的 ggplot 函数，参数 fill＝MEDV 表明按照 MEDV 数值大小进行不同的颜色填充，scale_fill_gradientn 函数后面指定了用来填充的调色板。

代码 1-8　矢量地图绘制

```
>library(ggplot2)

## 绘图
>ggplot(boston_tracts)+
+  geom_sf(aes(fill=MEDV))+
+  scale_fill_gradientn(colours=topo.colors(30))
```

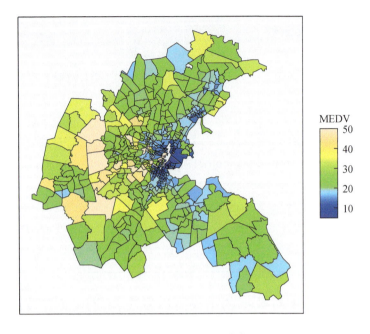

图 1-4　MEDV 空间分布

代码 1-9 展示了利用 stars 包进行多波段遥感栅格数据的读取和简单绘制操作（结果见图 1-5）。与上面矢量数据的例子一样，这里只是对基础的简洁操作方式进行展示。R 语言有大量的包和功能函数可以用来完成数据的基础处理、分析和可视化制图等相关任务。实际上，R 语言发展到现在，其功能的多样性已经远远超出传统意义上的统计范畴。

代码 1-9　栅格数据的读入和绘制

```
>library(stars)
>library(ggplot2)

## 获取示例 tiff 文件的路径
>file_path<-system.file("tif/L7_ETMs.tif", package="stars")

## 读入示例 tiff 文件
```

```
>Landsat7_ETMs<-read_stars(file_path)
```

预览数据
```
>Landsat7_ETMs
stars object with 3 dimensions and 1 attribute
attribute(s):
           Min. 1st Qu. Median     Mean 3rd Qu. Max.
L7_ETMs.tif   1     54     69 68.91242     86  255
dimension(s):
    from   to offset  delta                      refsys point values x/y
x      1  349 288776   28.5 SIRGAS 2000/UTM zone 25S FALSE   NULL   [x]
y      1  352 9120761  -28.5 SIRGAS 2000/UTM zone 25S FALSE   NULL   [y]
band   1    6    NA    NA                            NA     NA   NULL
```

绘图
```
>ggplot()+
+   geom_stars(data=Landsat7_ETMs)+
+   coord_equal()+
+   facet_wrap(~band)+
+   scale_fill_gradientn(colours=topo.colors(60))+
+   scale_x_discrete(expand=c(0,0))+
+   scale_y_discrete(expand=c(0,0))+
+   theme_void()+
+   theme(legend.position='bottom',
+         legend.title=element_blank(),
+         legend.key.width=unit(2,'cm'))
```

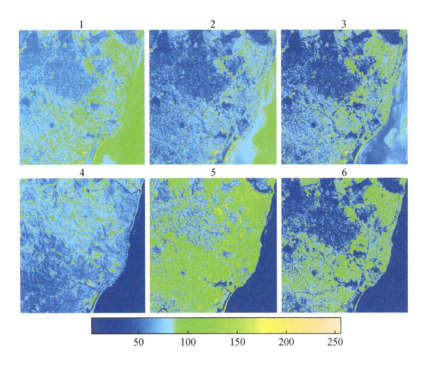

图 1-5 六波段的 Landsat 遥感影像

1.4 小　　结

　　空间统计分析是经典统计方法在解决与空间有关问题上的应用和扩展。空间分析问题有其自身显著的特点，特别是与尺度效应、分区效应和自相关性有关的现象在实际问题中普遍存在。空间统计分析的核心仍然是概率和统计基础，对相关内容的深入理解和基础方法的掌握对于空间分析的学习与应用是十分重要的。R 语言是一种开源的解释型编程语言，为基础的统计分析和各类型空间分析提供了平台支持。以应用为目的的 R 语言使用是相对简单的，对于统计方法和分析模型本身的理解与掌握才是关键。

|第 2 章| 假 设 检 验

本章从介绍统计假设检验（statistical hypothesis test）的基本原理出发，对两个样本的 t 检验和 U 检验，以及用于多样本检验的系列参数和非参数方差分析（analysis of variance，ANOVA）方法进行逐步讲解，并对其中涉及的 p 值（p-value）、效应量（effect size）、事后成对检验和列联表（contingency table）检验等基础统计分析内容进行介绍。

2.1 假设检验基础

2.1.1 假设检验的基本原理

统计假设检验是一种基础的统计推断方法。所谓的假设就是对实际研究问题的某种"看法"，或者说是对随机变量的总体特征或关系进行的某种"猜测"，而检验就是利用观测数据来判断这样的"看法"或者"猜测"是否成立或者是否合理。如果假设的内容是涉及一个总体的某些特征参数的判断，则称为一个总体的检验问题；如果假设的内容是关于两个或者两个以上总体关系的某种判断，则称为两个总体或者多个总体的检验问题。

所谓的"猜测"通常是理想化的空假设（null hypothesis，简称为 H_0 假设），它给出的是类似于"没有什么特别事情发生"这样的判断描述，如"总体的期望与给定的值没有差别""两个总体之间没有关系"等。而替代假设（alternative hypothesis，也称备择假设，简称为 H_1 或 H_a 假设）则是与 H_0 相对立的描述，应该包含了 H_0 不成立下的所有情况，如"总体的期望与给定的值有差别""两个总体之间有关系"等。

统计假设检验就是利用观测样本数据来推断 H_0 的"合理性"。其基本思想是带有概率性质的反证法，即事先假定 H_0 是成立的，然后根据 H_0 假设的条件和样本数据计算满足某种分布的统计量，将计算结果与对应概率密度分布相比较，如果计算统计量的数值在该分布中的发生概率是比较低的，则表明一次观测数据在 H_0 假设下发生了"小概率"事件，进而可以说明 H_0 假设是"不合理"的，即 H_0 假设与观测数据是不相容的（incompatible），从而要拒绝 H_0 假设，而接受 H_1 假设。而当"小概率"事件没有发生的时候，只能说明观测数据与 H_0 假设是相容的（compatible），不能认为接受 H_0 假设。衡量假设的合理性，或者判断小概率事件是否发生，通常使用阈值概率，也称显著水平（significance level）来决定。

统计假设检验的一般步骤包括：针对研究问题来确定 H_0 和 H_1 的内容表达，选择合适的统计量与概率分布，在假定 H_0 成立下计算统计量的大小，比较计算量和选定显著水平下（通常 $\alpha = 0.05$ 或者也可以说是 0.95）的理论分布临界值大小，如果计算的结果大于理论分布的临界值，则认为一次测量就观测到小概率的事件发生，从经验上看是不合理的，从而可以拒绝 H_0，而接受 H_1 的表达作为假设检验的结果，并对研究问题的结果形成基于假设检验的统计证据支持。

常用的统计假设检验包括参数检验（parametric test）和非参数检验（nonparametric test）两大类方法。它们之间的主要区别如下：参数检验适用于正态总体，而非参数检验适用于非正态总体；参数检验考虑总体分布，通过估算总体特征参数构建检验统计量，而非参数检验不考虑总体分布，直接构建统计检验量；参数检验利用总体分布信息，而非参数检验直接利用样本信息；参数检验的参数是固定的，而非参数检验的参数是不固定的。下面将结合常用的参数检验——t 检验来说明假设检验的基本操作和在具体问题中的应用。

2.1.2　单个样本 t 检验

t 检验（也称为 Student's t test）是一种常用的参数检验方法。单个样本 t 检验（one-sample location test）可以用来检验总体的期望与给定的值是否具有显著的差异性。t 检验的统计量遵守 $n-1$ 个自由度的 t 分布，n 为样本量。下面结合具体的例子，来展示如何在 R 语言里使用 t 检验。

例如，现有某个地区 9 个气象观测站测得 2016 年的年平均温度与多年平均值的差，想要回答的问题是：从区域平均水平看，该地区 2016 年的年平均温度是否存在显著异常？从统计假设检验的角度来看，该问题可以转化为检验 9 个气象观测站测量的样本所代表的区域总体均值 μ_0 与 0 是否存在显著的差异性。这样的检验在假定观测数据所代表的总体满足正态分布的情况下，可以使用单个样本 t 检验来完成。根据上述对问题的描述，对应的假设可以表达为

$$H_0 : \mu_0 = 0, H_1 : \mu_0 \neq 0 \tag{2-1}$$

t 检验的统计量计算公式为

$$t = \frac{\bar{x} - \mu_0}{s / \sqrt{n}} \tag{2-2}$$

式中，$\bar{x}$ 是样本均值；s 是样本的标准差；n 是样本量；μ_0 是总体的均值，H_0 假设 $\mu_0 = 0$，根据 9 个气象观测站的观测值，由式（2-2）可以计算出 $t = 2.75$，t 在这里满足 8（样本量 -1）个自由度的 t 分布，对应 $\alpha = 0.05$ 的显著水平下的临界值为 1.86（也就是 t 分布的概率密度函数在曲线积分面积等于 0.95 时对应的 t 的取值），计算值明显大于临界值，因此说明 H_0 假设与观测数据是不相容的，从而拒绝 H_0，接受 H_1，并可以得出这样的结论，即该地区 2016 年的年平均温度存在显著异常。代码 2-1 展示了 R 语言中的具体计算过程。

代码 2-1 *t* 检验的计算

```
## 准备数据——9 个站观测值
>tmp<-c(0.1,-0.2,0.3,0.28,0.6,-0.1,0.4,0.5,0.3)

## 计算 t 值
>(mean(tmp)-0)/sd(tmp) * sqrt(length(tmp))
[1] 2.7457

## 计算 0.05 水平下的临界值
>qt(0.95, df=length(tmp)-1)
[1] 1.8595
```

2.1.3 *p* 值

在实际应用中，往往不需要通过比较统计量的计算值和给定显著水平下的概率分布临界值大小，来判断假设是否与观测数据相容。更为直接的做法是由统计量 *t* 的值直接计算其概率分布值（即两侧或单侧的积分面积，整个概率密度函数的积分为 1）来判断，这就是被广泛使用的 *p* 值。上面提到的 0.05 水平下的临界值 1.86，实际就是 $t=$ 1.86 时（图 2-1 中的方形点）向右的曲线积分面积为 0.05（图 2-1 中绿色和粉色部分）。而假定 H_0 成立下，*t* 的样本计算值为 2.75（图 2-1 中的圆形点），向右的积分面积为 0.013（图 2-1 中粉色部分），这就是 *t* 检验的 *p* 值。以 0.05 为经验标准下，这个结果也表明了上面的例子中（代码 2-1）出现了 "小概率事件发生"，由于检验的 *t* 值是在 H_0 成立下计算的，意味着 H_0 和观测数据是不相容的，从而需要拒绝 H_0，而接受替代假设 H_1。

如上所述，*p* 值给出了在假定 H_0 成立下，与所观测到的实际样本相同或更为极端的结果出现的概率值，当 *p* 值小于预先设定的显著水

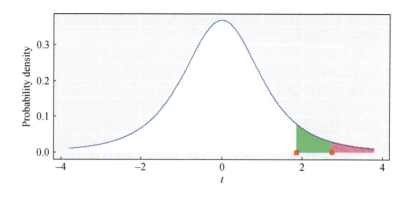

图 2-1　单尾检验下 p 值示意

平值（如 $\alpha = 0.05$）时，就可以认为该假设检验是统计显著的。特别需要注意的是，当 $p \leqslant \alpha$ 时，并不意味着 H_0 是真的，只是意味着没有足够的证据来说明 H_0 可能是假的。在这样的假设检验中，可能会引起两类错误的判断 Type Ⅰ error 和 Type Ⅱ error，其中 Type Ⅰ error 是指拒绝了实际为真的 H_0，即"以真为假"，而 Type Ⅱ error 没有拒绝实际为假的 H_0，即"以假为真"。可以通过增加样本量和提高显著水平来降低 Type Ⅱ error 发生的概率。在实际分析中，上面的单个样本 t 检验是直接通过 t. test 函数来完成的，如代码 2-2 所示。

代码 2-2　单个样本 t 检验

```
## 单尾检验
>t. test(tmp, alternative="greater")
        One Sample t-test
data:tmp
t=2.75, df=8, p-value=0.013
alternative hypothesis: true mean is greater than 0
95 percent confidence interval:
0.078173      Inf
sample estimates:
mean of x
```

```
    0.24222

## 双尾检验
>t.test(tmp, alternative="two.sided")
        One Sample t-test
data:tmp
t=2.75, df=8, p-value=0.025
alternative hypothesis: true mean is not equal to 0
95 percent confidence interval:
0.038787 0.445657
sample estimates:
mean of x
    0.24222
```

这里运行了两次 t 检验，不同之处在于 H_1 的选择（即 alternative 参数设置）。当设置 alternative = "two.sided" 时对应的是 $H_0: \mu_0 = 0$，称为双边假设检验（two-side hypotheses tests），对应的结论是"总体均值与 0 有显著的差异性"；当设置 alternative = "greater" 时对应的是 $H_0: \mu_0 \leqslant 0$，称为单边假设检验（one-side hypotheses tests），对应的结论是"总体均值显著大于 0"。通过这个例子就可以看出单边和双边（也有称单尾和双尾）假设检验在实际应用问题中的差别，具体的可以根据情况来选择使用，需要注意的是不同选择给定最后的结论是有差异的。在上面的结果中，t 就是 t 统计量的计算值，df 为自由度，p-value 为上面说明的 p 值。此外，还给出了样本的均值与 95% 的置信区间，但是在单边统计下，无法给出置信区间另一侧的估计值。因此，利用双边的 t 检验也可以完成均值的区间估计。此外，替代假设中提到的 true mean 是指总体的期望。

2.1.4　正态性检验与比较方差

参数分析方法要求样本所代表的总体是正态分布的。Shapiro-Wilk

检验就是用于检验样本是否满足正态性的最常用方法，其对应的 H_0 假设为样本来自正态分布的总体。其他能够用于正态性检验的方法还包括 Anderson-Darling 检验和 Kolmogorov-Smirnov（K-S）检验等，后者还常用于是否满足其他分布形式的检验。代码 2-3 是利用模拟的正态分布和非正态分布数据完成的 Shapiro-Wilk 检验的例子，从中可以看出检验结果的差异性，即 p-value 的结果大于 0.05 时认为满足正态分布，小于 0.05 时则认为不满足正态分布。

代码 2-3　正态性检验

```
## 生成正态分布样本
>x1<-rnorm(100, mean=0, sd=2)

## 生成均匀分布样本
>x2<-runif(100, min=9, max=18)

## Shapiro-Wilk 检验
>shapiro.test(x1)

        Shapiro-Wilk normality test
data:  x1
W=0.988, p-value=0.54

>shapiro.test(x2)

        Shapiro-Wilk normality test
data:  x2
W=0.965, p-value=0.009
```

比较方差（comparing variances）是用于检验不同样本所代表的总体之间的方差是否相同（"相同"的含义可能并不意味着数值上的完全相等），也称方差的齐次性（homogeneity of variance）检验，其通用

的 H_0 假设为总体方差相同，即

$$H_0 : \sigma_1^2 = \sigma_2^2 = \cdots = \sigma_a^2 \qquad (2\text{-}3)$$

对应的 H_1 假设通常为两组之间或者至少有两组的方差不相同。可用于方差检验的方法有很多，包括参数方法和非参数方法，以及适用于两个总体和多个总体的情况等，这里主要介绍其中几种常用的检验方法。

Fisher's F 检验是一种参数方法，用于检验两个正态总体的方差是否相同，使用于小样本数据。理论研究表明，在 H_0 假设的条件下，满足正态性的两个样本的方差之比满足 F 分布，进而可以根据样本的 F 计算值完成检验。代码 2-4 是利用模拟两个正态分布数据完成的 Fisher's F 检验的例子。结果显示，这两个模拟样本代表的总体方差是不同的（$p<0.001$）。此外，$F=8.96$ 为两个样本的方差之比，两个自由度分别为样本量减 1，替代假设中的 true ratio of variances 指的是样本代表的两个总体的方差之比。

代码 2-4　Fisher's *F* 检验

```
## 生成两组方差不同的正态分布样本
>set. seed(91827)
>x<-rnorm(46, mean=3, sd=2.5)
>y<-rnorm(36, mean=1, sd=1.0)


## Fisher's F检验
>var.test(x, y)


    F test to compare two variances

data:  x and y
F=8.9629, num df=45,denom df=35, p-value=1.307e-09
alternative hypothesis: true ratio of variances is not equal to 1
95 percent confidence interval:
  4.694955 16.682419
```

```
sample estimates:
ratio of variances
       8.962899
```

　　对于多个总体方差齐次性的检验问题，常用的有四种方法：Bartlett's 检验、Levene's 检验、Brown-Forsythe 检验和 Fligner-Killeen 检验。其中，Bartlett's 检验用于检验多个正态总体的方差是否相同，Bartlett's 检验结果的可靠性对于总体满足正态性的前提条件是十分敏感的。因此，Levene's 检验和 Brown-Forsythe 检验在实际中更为常用，主要是因为这两种检验方法对于偏离正态性的情形非常不敏感。其中，Levene's 检验对于对称的长尾分布（long-tailed distribution，如双指数分布和 t 分布）不敏感，而 Brown-Forsythe 检验对于类似卡方分布一类的偏态分布（skewed distribution）和柯西分布（Cauchy distribution）一样的极端长尾分布都是不敏感的，因此在这些情况下，Brown-Forsythe 检验的结果比 Levene's 检验的结果更加稳健。Fligner-Killeen 检验是一种基于秩的多组方差齐次性的非参数检验方法，不要求总体满足正态分布，同时相比前面提到的方法，对于异常值也不敏感的。

　　下面的例子对比了这四种检验方法的使用和输出结果。例子使用的数据集 InsectSprays 是 R 自带有关农业试验中记录的不同杀虫剂施用措施 spray 下昆虫的数量 count（图 2-2 和代码 2-5）。在这里 spray 被看

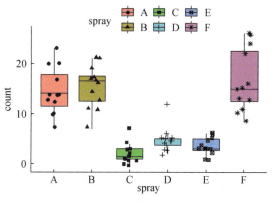

图 2-2　InsectSprays 数据分组分布情况

作分组变量，即检验的目的是对比 6 个不同 spray 措施（分组）下，调查的昆虫数量的方差是否相同。从四种不同检验方法的输出结果来看，这 6 组数据的方差是显著非齐次性的（non-homogeneous）。

代码 2-5 几种比较方差的分析方法

```
>library(ggpubr)

## 分组绘制 boxplot
>ggboxplot(InsectSprays, x="spray", y="count",
+    add="jitter", shape="spray", fill="spray")

## Bartlett's 检验
>bartlett.test(count ~ spray, data=InsectSprays)

        Bartlett test of homogeneity of variances

data:   count by spray
Bartlett's K-squared=25.96, df=5, p-value=9.085e-05

## Levene's 检验
>car::leveneTest(count ~ spray, data=InsectSprays)

Levene's Test for Homogeneity of Variance (center=median)
     Df F value   Pr(>F)
group  5  3.8214 0.004223 * *
      66
---
Signif. codes:  0 '* * *' 0.001 '* *' 0.01 '*' 0.05 '.' 0.1 ' ' 1

## Brown-Forsythe 检验
>onewaytests::bf.test(count ~ spray, data=InsectSprays)
  Brown-Forsythe Test (alpha=0.05)
-------------------------------------------------------------
```

```
data : count and spray
statistic  : 34.70228
num df    : 5
denom df  : 39.31889
p.value   : 2.051138e-13
Result    : Difference is statistically significant.
--------------------------------------------------------------
```

Fligner-Killeen 检验
```
>fligner.test(count ~ spray, data=InsectSprays)

      Fligner-Killeen test of homogeneity of variances

data:  count by spray
Fligner-Killeen:med chi-squared=14.483, df=5, p-value=0.01282
```

2.2　两样本检验

2.2.1　非成对样本 t 检验

非成对样本 t 检验也称两个独立样本 t 检验（independent two-sample t test），是用来检验两组相互独立的采样数据之间是否存在均值的差异，或者说是检验这两组数据所代表的总体之间的期望差异是否具有统计上的意义。t 检验方法针对的是连续型的数值变量，其 H_0 假设下的统计量满足 Student's t 分布，因此也被称为 Student's t 检验。t 检验是一种参数检验方法，要求采样数据的独立性以样本所代表的总体分布满足正态性。

独立样本 t 检验主要分三种情况：相同的样本量与相同的方差、相同或者不同的样本量与相同的方差、相同或者不相同的样本量与不相同的方差。每一种情况下统计检验量 t 与自由度 df 的计算方式略有差别，但大体是类似的。其中，适用最后一种情况下的检验方法也被称为 Welch's t 检验，其检验统计量 t 的计算公式为

$$t = (\bar{x}_1 - \bar{x}_2) / \sqrt{\frac{s_1^2}{n_1} + \frac{s_2^2}{n_2}} \tag{2-4}$$

式中，$\bar{x}_1$ 和 $\bar{x}_2$ 分别是两个样本的均值；s_1 和 s_2 是样本的标准差；n_1 和 n_2 是样本量。对应自由度 df 的计算表达为

$$df = \frac{(s_1^2/n_1 + s_2^2/n_2)^2}{(s_1^2/n_1)^2/(n_1-1) + (s_2^2/n_2)^2/(n_2-1)} \tag{2-5}$$

下面的例子是根据是否靠近查尔斯河（Charles River）而采集的两组房价数据（图 2-3），利用 t 检验可以判断这两组房价在平均水平上是否存在显著差异（代码 2-6）。在执行 t 检验之前，利用前面讲到的 Shapiro-Wilk 检验和 Levene's 检验分别对样本的正态性和方差齐次性进行判断。结果显示，这两组数据的方差是显著不同的（$p = 0.033$）。在 t 检验的代码中，参数 var. equal = FALSE 表明使用的是不相同的方差下的检验，即 Welch's t 检验，默认情况下则为 Student's t 检验。t 检验结果显示，这两组房价的平均状况是有显著差异的（$p = 0.0036$）。

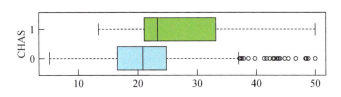

图 2-3　两组房价数据的分布情况

代码 2-6　非成对样本 t 检验

```
>library(dplyr)
>library(car)

## 准备数据
```

```
>data(boston, package="spData")
>boxplot(MEDV~CHAS, col=c('cyan', 'green'), horizontal=TRUE,
+data=boston.c)
>x1<-filter(boston.c, CHAS==0)$MEDV
>x2<-filter(boston.c, CHAS==1)$MEDV
```

Shapiro-Wilk 检验
```
>shapiro.test(x1)
        Shapiro-Wilk normality test
data: x1
W=0.928, p-value=3.1e-14
```

```
>shapiro.test(x2)
        Shapiro-Wilk normality test
data: x2
W=0.836, p-value=0.00011
```

Levene's 检验
```
>leveneTest(MEDV~CHAS, data=boston.c)
Levene's Test for Homogeneity of Variance (center=median)
      Df F value Pr(>F)
group  1   4.59  0.033 *
     504
---
Signif. codes:  0 '***' 0.001 '**' 0.01 '*' 0.05 '.' 0.1 ' ' 1
```

Welch's t 检验
```
>t.test(x1, x2, paired=FALSE, var.equal=FALSE)

        Welch Two Sample t-test

data: x1 and x2
t=-3.11, df=36.9, p-value=0.0036
alternative hypothesis: true difference in means is not equal to 0
```

```
95 percent confidence interval:
-10.4768  -2.2155
sample estimates:
mean of x mean of y
  22.094    28.440
```

2.2.2　成对样本 t 检验

　　成对样本 t 检验（paired samples t test）用于判断两个配对测量的差值的平均值与某个特定的值之间是否具有显著的差异性。成对样本 t 检验常用于分析同一系列对象在不同时间或者不同条件下测量值之间的整体平均差异性，其检验统计量的计算与前面讲到的单个样本的 t 计算方式是一样的，只是将样本变量替换成配对测量的差值：

$$t = \frac{\bar{x}_d - \mu_d}{s_d / \sqrt{n}} \tag{2-6}$$

式中，$\bar{x}_d$ 是成对测量差值的样本均值；s_d 是成对测量差值的样本方差；μ_d 是总体的期望值；n 是样本点数。

　　图 2-4 展示的是对全球 186 个国家的女性工作者比例在 2000 年和 2017 年的统计数据。从图 2-4 中可以发现，即使相同的年份，不同国家之间也存在着很大的差异性。如果想回答这样的一个问题，即从全局（global）平均水平来看，2017 年女性工作者比例是否比 2000 年的比例有着显著的提升？就需要用到成对样本的检验，因为只有单个国家两个时期的自身对比才有意义。具体操作和分析结果如代码 2-7 所示，这里使用的是成对样本（参数 paired = TRUE）和单尾检验（参数 alternative = "greater"）的输入设置。根据检验的结果可以得出这样的结论：从全球 186 个国家的平均水平来看，2017 年女性工作者比例相比 2000 年有了显著的提升（$p < 0.001$）。

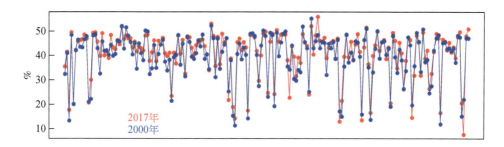

图 2-4 不同国家（横轴排列）2000 年和 2017 年女性工作者比例的变化

代码 2-7 成对样本 *t* 检验

数据画图

```
>plot(pdata $ Y2017 ~ c(1:186), type=' o ', pch=16, cex=1, col=' red ',
+ylab="% ", xlab=NA)
>points(pdata $ Y2000 ~ c(1:186), pch=16, cex=1, col=' blue' )
>lines(pdata $ Y2000 ~ c(1:186), col=' blue' )
```

成对样本 *t* 检验

```
>t. test(pdata $ Y2017, pdata $ Y2000, alternative="greater", paired=TRUE)


        Paired ι-test
data:pdata $ Y2017 and pdata $ Y2000
t=6.1, df=185, p-value=3e-09
alternative hypothesis: true difference in means is greater than 0
95 percent confidence interval:
0.98436    Inf
sample estimates:
mean of the differences
        1.3502
```

2.2.3　Mann-Whitney U 检验

　　Mann-Whitney U 检验有很多不同的称谓，有时也称 Wilcoxon 秩和检验（Wilcoxon rank sum test）等。这是一种常用的非参数检验方法，主要用于分布不满足正态性并且样本量较小（经验性地认为在 30 以下）的情况下，被认为是非成对样本 t 检验的非参数等价方法。Mann-Whitney U 用来检验两个独立样本是否来自同一个总体。Mann-Whitney U 检验不使用均值或者方差这些总体的特征参数，而是根据样本数据之间的大小关系构造检验量，计算的是排序的值，因此也称为秩和检验。Mann-Whitney U 检验的基本计算过程包括：将样本量分别是 n_1 和 n_2 的两个样本按照观测值的大小进行混合排序，然后分别统计每个样本排序后秩的总和 R_1 和 R_2，并据此计算两个统计量 U_1 和 U_2：

$$U_1 = R_1 - \frac{n_1(n_1+1)}{2}, U_2 = R_2 - \frac{n_2(n_2+1)}{2} \qquad (2-7)$$

　　在面对小样本的情况下，根据 U_1 和 U_2 的计算结果，通过 Wilcoxon rank sum statistic 分布就可以计算 p 值，从而完成检验。从上面的计算过程可以看出，Mann-Whitney U 检验只考虑的是样本数据之间的相对大小，而与数据绝对大小的差异没有关系，这就意味着像这样基于秩的非参数检验方法对于异常值是不敏感的。对于 2.1 节的例子，Shapiro-Wilk 检验的结果表明两组数据都不满足正态分布，因此最好使用非参数的 Mann-Whitney U 检验，对应的操作和结果如代码 2-8 所示。其中，替代假设 H_1 的表述可以通俗地理解为两个样本所代表的总体的分布是不同的，也就是一个概率密度分布相对于另一个出现了整体的偏移（即 location shift）。当然，对于非参数检验来说，所谓的偏移是以中位数进行判断的，而参数检验是以期望来判断的。

代码 2-8　U 检验

```
## Mann-Whitney U 检验
```

```
>wilcox.test(x1, x2, alternative="two.sided",
+paired=FALSE, exact=FALSE)

    Wilcoxon rank sum test with continuity correction

data:  x1 and x2
W=5606, p-value=0.0016
alternative hypothesis: true location shift is not equal to 0
```

2.2.4 效应量

在假设检验中，广泛使用的 p 值是统计显著性（statistically significance）的测量，看作用来拒绝 H_0 假设的统计证据。然而，统计显著性的测量结果往往受到样本量的影响，即使是很小的差异（指的是观测统计量与总体特征参数之间）在很大的样本下也可能是统计显著的。这种条件下的检验结果是否有真实的意义，则需要进一步测试不受样本量直接影响的实际显著性（practical significance），常用的方法为进行效应量的测量。效应量是用于定量两个随机变量之间的关系或者差异的强度或者重要度（the strength or magnitude）的数值量。一般来说，相对大的效应量意味着这种关系或者差异是重要的，而相对小的效应量意味着这种关系或者差异是不重要的，即便可能是统计显著的。

下面以 Cohen's d 为例来说明效应量的基本用法。Cohen's d 主要用于两组数据的均值比较时效应量的计算，就如前面的两个样本的 t 检验和 U 检验的应用情形。Cohen's d 的计算定义为两个样本的均值 $\bar{x}_1$ 和 $\bar{x}_2$ 的差除以两个样本方差 s_1^2 和 s_2^2 的混合方差 s，即

$$d = \frac{\bar{x}_1 - \bar{x}_2}{s}, s = \sqrt{\frac{(n_1-1)s_1^2 + (n_2-1)s_2^2}{n_1+n_2}} \qquad (2\text{-}8)$$

对于上述的 Charles River 两个样本房价数据的例子来说，Cohen's

d 的计算值为 0.70（代码 2-9）。有时候会经验性地将效应量的大小进行分类，来描述效应量的相对强度。例如，对于 Cohen's d 来说，0.2~0.3 的效应量是"small"的，0.5 左右是"medium"，而 0.8 以上被认为是"large"。当然，效应量的计算方式不同，对应的经验性分类描述区间也是不同的。在某些情况下，效应量的值也可以转换成定量的描述，如本例中 0.70 意味着有大约 75% 的不靠近 Charles River 房屋的价值是低于靠近 Charles River 房屋的价值平均值的。当然，这种定量的转换描述是近似的，并且不是线性的。

代码 2-9　Cohen's d

```
## Cohen's d
>interpret_cohens_d(cohens_d(x1, x2))
Cohen's d |      95% CI |Interpretation
---------------------------------------
0.70      |[1.05, 0.35] |      medium

-Estimated using pooled SD.
(Interpretation rule: cohen1988)
```

除了上面的可用于两组之间均值比较的情况，效应量还多应用于回归分析、方差分析和类别数据的列联表分析等。结合 R 语言的 effectsize 包，几种常用的效应量分析方法和主要应用情形如表 2-1 所示。在一些科技期刊中，统计分析的效应量通常是被要求报告的。

表 2-1　常用的效应量分析方法

类别	名称	函数
用于均值分析	Cohen's d	cohens_ d $(x, y = \text{NULL})$
	Glass' Δ	glass_ delta $(x, y = \text{NULL})$
	Hedges' g	hedges_ g $(x, y = \text{NULL})$

续表

类别	名称	函数
用于方差分析	Eta-squared，η^2	eta_ squared（model）
	Omega-squared，ω^2	omega_ squared（model）
	Epsilon-squared，ε^2	epsilon_ squared（model）
	Cohen's f^2	cohens_ f_ squared（model）
用于列联表分析	Cohen's w（phi）	cohens_ w（x，y = NULL）
	Cohen's h	cohens_ h（x，y = NULL）
	Cohen's g	cohens_ g（x，y = NULL）
	Cramer's V	cramers_ v（x，y = NULL）
	Odds ratio	oddsratio（x，y = NULL）
	Relative risk	riskratio（x，y = NULL）

2.3 方差分析

2.3.1 单因素方差分析

ANOVA 是一类统计模型的总称，主要用于分析多组之间均值的差异性，以及组间（between）和组内（within）的变异性（variation）。ANOVA 的叫法虽然与方差有关，但其主要目的是比较均值随着不同分组或水平变化的差异情况。如果分组是按照一个独立的类别变量进行的，称为单因素方差分析（one-way ANOVA）。单因素方差分析可以看作两个样本 t 检验在多个样本上的扩展。如果分组是按照两个或者多个类别变量进行的，则称为双因素或者多因素方差分析（two-way or multi-way ANOVA）。

方差分析的 H_0 假设可以简单地描述为所有组的均值是相同的，H_1 则为至少有一组的均值显著地不同于其他组的均值。ANOVA 的基础是方差分解，即总方差（SST）可以分解为组间方差（SSB）与组内方差（SSW，也称 residual variance）之和，ANOVA 的基本思想是组间的变异性明显大于组内的变异性时，则可以认为至少有一组的均值与其他组的均值显著不同。显著性通过下面的 F 统计量来检验：

$$F = \frac{SSB/df_1}{SSW/df_2} \quad\quad (2\text{-}9)$$

式中，$df_1 =$ 组数 -1，$df_2 =$ 总样本量 $-$ 组数，F 则满足自由度为（df_1，df_2）的 F 分布。与 t 检验一样，由于是参数的假设检验方法，ANOVA 也要求样本满足观测的独立性、正态分布以及方差的齐次性。

下面结合 R 自带的数据集 PlantGrowth 来说明如何执行单因素方差分析。PlantGrowth 数据包含了 30 个研究对象的两个变量 weight 和 group，其中 weight 是植物的干重，group 是不同的实验处理方式，包括 ctrl、trt1 和 trt2 三种类型，即可以根据 group 变量将 30 个样本分为 3 个不同的组，group 就构成了方差分析的一个因素。代码 2-10 展示了使用 ggboxplot 和 get_summary_stats 函数获取 group 分组的箱线图和均值与方差的统计结果（图 2-5）。

代码 2-10　分组统计

```
>library(tidyverse)
>library(ggpubr)
>library(rstatix)
>library(effectsize)

## 分组绘制 boxplot
>ggboxplot(PlantGrowth, x="group", y="weight",
+   add="jitter", shape="group", fill="group")

## 分组统计均值和方差
>PlantGrowth % >%
+   group_by(group) % >%
+   get_summary_stats(weight, type="mean_sd")
```

```
## A tibble: 3×5
  group    variable    n       mean    sd
  <fct>    <chr>       <dbl>   <dbl>   <dbl>
1 ctrl     weight      10      5.03    0.583
2 trt1     weight      10      4.66    0.794
3 trt2     weight      10      5.53    0.443
```

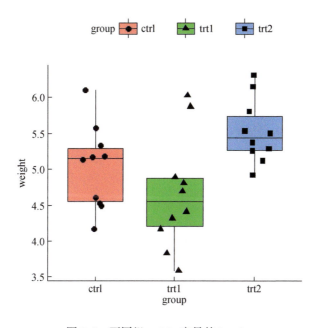

图 2-5　不同组 weight 变量的 boxplot

在进行参数检验方法的单因素方差分析之前，通常需要进行是否满足假设条件的检验，代码 2-11 展示的是借助 rstatix 包里的函数，分组进行基于 boxplot 的异常值检验、基于 Shapiro-Wilk 检验的正态性检验以及利用 Levene's 检验的方差齐次性检验。

代码 2-11　正态性与方差齐次性检验

```
## 异常值检验
>PlantGrowth % >%
```

```
+   group_by(group) % >%
+   identify_outliers(weight)
## A tibble: 2×4
  group   weight   is.outlier   is.extreme
  <fct>   <dbl>    <lgl>        <lgl>
1 trt1    5.87     TRUE         FALSE
2 trt1    6.03     TRUE         FALSE
```

```
## 正态性检验
>PlantGrowth % >%
+   group_by(group) % >%
+   shapiro_test(weight)
## A tibble: 3×4
  group variable statistic     p
  <fct>   <chr>    <dbl>    <dbl>
1 ctrl    weight   0.957    0.747
2 trt1    weight   0.930    0.452
3 trt2    weight   0.941    0.564
```

```
## 方差齐次性检验
>PlantGrowth % >%
+levene_test(weight ~ group)
## A tibble: 1×4
   df1     df2      statistic   p
  <int>   <int>    <dbl>       <dbl>
1   2      27       1.12        0.341
```

在代码 2-11 所示的三个检验的结果中，标记了 trt1 一组中有两个异常值，在正态性检验和方差齐次性检验中，p 值均大于 0.05，可以认为满足正态分布和组间的方差齐次性要求。下面使用 aov 进行方差分析，并计算效应量（代码 2-12）。

代码 2-12 ANOVA 与效应量

单因素方差分析

```
>anova_pg<-aov(weight ~ group, data=PlantGrowth)
>summary(anova_pg)
            Df   Sum Sq   Mean Sq   F value   Pr(>F)
group        2   3.77     1.883     4.85      0.016     *
Residuals   27   10.49    0.389
---
Signif. codes: 0 ' * * * ' 0.001 ' * * ' 0.01 ' * ' 0.05 '.' 0.1 ' ' 1
```

计算效应量

```
>eta_squared(anova_pg)
For one-way between subjects designs, partial eta squared is equivalent to
eta squared.
Returning eta squared.
## Effect Size for ANOVA


Parameter | Eta2 |      95% CI
-------------------------------
group     | 0.26 | [0.04, 1.00]
```

在上面代码的分析中，aov 给出的是 II 型方差分析的结果，$F = 4.85$，自由度为 2 和 27。结果表明，组间（均值）存在显著的差异性（$p=0.016$）。效应量采用 Eta-squared 进行计算，其给出了组间的方差与总方差的比值，在这个例子中，其对应的值为 3.77/（3.77+10.49）≈ 0.26。经常用于方差分析效应量计算的还有 Omega-squared 等（详见表 2-1）。在这里，Eta2 = 0.26，表明 weight 变量 26% 的变化是由实验方式（组间）的不同引起的。

ANOVA 给出的是关于组间整体上差异性的检验结果，通常还需要进行事后多重比较（post-hoc pair-wise comparisons），用来检验具体的两组之间的差异性。在这种情况下，不能使用两个样本的 t 检验来进行多重比较，这样会提高 Type I error 的概率。能够完成事后多重比较的方法有很多种，包括 Fisher LSD（Fisher's least significant difference）检验、Tukey's HSD（Tukey honest significant differences，也称 Tukey's range 检验）、Scheffe's 检验、SNK（Student-Newman-Keuls）检验、Duncan's MRT（multiple range test）和 Games-Howell 检验等系列参数和非参数检验方法。

此外，由于进行多重比较，通常需要对检验结果的 p 值进行校正（记作 $p.$ adj）。在 p 值校正的方法中，Bonferroni 校正是最严格的，是将成对比较的 p 值乘以总比较次数作为校正后的 p 值，或者将默认的显著水平除以比较次数作为校正后的显著水平阈值。其他相对保守些的校正方法包括 Tukey、Holm、Hochberg、Hommel、Benjamini-Hochberg 以及 Benjamini-Yekutieli 等，R 语言中的 $p.$ adj 函数提供了针对上述不同方法的校正操作。

从 Tukey's HSD 多重比较的分析结果（代码 2-13）可以看出，trt1 和 trt2 这两组之间存在显著的差异性（$p.$ adj = 0.012）。在结果展示方面，可以借助 ggboxplot 函数将 ANOVA 和 post-hoc 检验的结果进行整体制图，具体操作和结果如代码 2-14 和图 2-6 所示。图 2-6 中清晰地标明了整体检验的 F 值（4.85）和对应的 p 值（0.016）、效应量的值（0.26）、显著差异的两组等信息。

代码 2-13　事后多重比较

```
## 进行事后多重比较
>po.test<-PlantGrowth % >% tukey_hsd(weight ~ group)
>po.test[,-c(4)]
## Atibble: 3×8
```

term	group1	group2	estimate	conf.low	conf.high	p.adj	p.adj.signif
<chr>	<chr>	<chr>	<dbl>	<dbl>	<dbl>	<dbl>	<chr>
1 group	ctrl	trt1	-0.371	-1.06	0.320	0.391	ns
2 group	ctrl	trt2	0.494	-0.197	1.19	0.198	ns
3 group	trt1	trt2	0.865	0.174	1.56	0.012	*

代码 2-14   ANOVA 结果制图

```
## 获取 ANOVA 结果
>ao.test<-PlantGrowth % >% anova_test(weight~group)


## 画结果图
>po.test<-po.test % >% add_xy_position(x="group")
>ggboxplot(PlantGrowth, x="group", y="weight", fill="group")+
+    stat_pvalue_manual(po.test, hide.ns=TRUE)+
+    labs(subtitle=get_test_label(ao.test, detailed=TRUE),
+         caption=get_pwc_label(po.test))
```

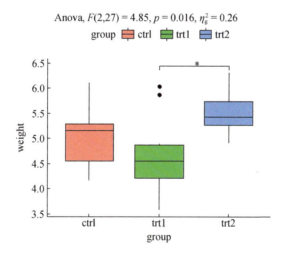

Anova, $F(2,27) = 4.85$, $p = 0.016$, $\eta_g^2 = 0.26$

图 2-6   ANOVA 和多重比较的结果

　　上面用到的 aov 和 anova_test 函数都是 Fisher's classic one-way ANOVA。实际上还有一些参数检验方法可以用于方差分析，如 Welch's ANOVA、Brown-Forsythe F^* 检验等，它们不再需要满足组间等方差的前提。在用于完成 post-hoc 成对比较的方法中，上面使用的 Tukey's HSD 是参数检验方法，要求组间是等样本量的，而非参数的 Games-Howell 检验则可以用于不等样本量以及组间方差不相同的情况下。

下面是单因素 ANOVA 分析的一个综合的例子，分析的目标是检验 2007 年四个大洲之间的国家期望寿命 lifeExp 的均值是否有差异。数据来自 gapminder 包所带的关于全球 142 个国家 5 个年份的统计数据。在这里将四个大洲看作分组变量，每个组包含了相应国家在 2007 年的 lifeExp 数据。整个分析过程包含了正态性检验、方差齐次性检验、方差分析、效应量计算、事后多重比较以及综合制图展示等内容（代码 2-15 和图 2-7）。至于不同分析方法的选择和具体分析结果的解读可以参照前面对应部分的内容，这里的主要目的是展示一个完整的 ANOVA 分析流程。

代码 2-15　几种 ANOVA 方法比较

```
>library(ggstatsplot)
>library(gapminder)
>library(tidyverse)
>library(onewaytests)
>library(effectsize)
>library(rstatix)


## 准备数据
>pdata<-gapminder % >%
+   filter(year==2007, continent ! ="Oceania")  % >%
+   select(c(' country',' continent',' lifeExp'))


## 正态性检验-Shapiro-Wilk 检验
>pdata % >%
+   group_by(continent) % >%
+   shapiro_test(lifeExp)
## A tibble: 4×4
  continent   variable   statistic   p
  <fct>       <chr>      <dbl>       <dbl>
1 Africa      lifeExp    0.940       0.0111
2 Americas    lifeExp    0.934       0.109
```

```
3 Asia        lifeExp    0.922      0.0212
4 Europe      lifeExp    0.923      0.0327
```

方差齐次性检验–Levene's 检验

```
>pdata % >%
+    levene_test(lifeExp ~ continent)
## Atibble: 1×4
    df1        df2        statistic  p
  <int>      <int>      <dbl>      <dbl>
1    3       136        8.39       0.0000369
```

方差分析–Welch's ANOVA

```
>onewaytests::welch.test(lifeExp ~ continent, data=pdata)
  Welch's Heteroscedastic F Test (alpha=0.05)
  ----------------------------------------------------------------
  data :lifeExp and continent
  statistic  : 84.10416
  num df     : 3
  denom df   : 68.63536
  p.value    : 6.100673e-23
  Result     : Difference is statistically significant.
  ----------------------------------------------------------------
```

方差分析的效应量–eta_squared

```
>omega_squared(oneway.test(lifeExp ~ continent, data=pdata))
Returning omega squared.
## Effect Size for ANOVA
Omega2 |      95% CI
--------------------
0.77   |[0.70, 1.00]
```

事后多重比较–Games-Howell 检验

```
>games_howell_test(pdata, lifeExp ~ continent)
## Atibble: 6×8
```

.y.	group1	group2	estimate	conf.low	conf.high	p.adj	p.adj.signif
* <chr>	<chr>	<chr>	<dbl>	<dbl>	<dbl>	<dbl>	<chr>
1 lifeExp	Africa	Americas	18.8	14.6	23.0	0	* * * *
2 lifeExp	Africa	Asia	15.9	10.9	21.0	0	* * * *
3 lifeExp	Africa	Europe	22.8	19.0	26.6	0	* * * *
4 lifeExp	Americas	Asia	-2.88	-7.25	1.49	0.309	ns
5 lifeExp	Americas	Europe	4.04	1.25	6.83	0.002	* *
6 lifeExp	Asia	Europe	6.92	2.93	10.9	0.000193	* * *

```
## 综合制图-ggstatsplot
## 设置随机数种子,保证区间模拟的可重复性
>set.seed(91827)
>ggbetweenstats(
+pdata, x=continent, y=lifeExp,
+  type="parametric",p.adjust.method="holm",
+  xlab="Continent", ylab="Life expectancy",
+  plot.type="boxviolin",outlier.tagging=TRUE,
+  outlier.coef=1.5,outlier.label=country,
+  package="ggsci",palette="nrc_npg",
+  point.args=list(alpha=1.0, size=3, stroke=0),
+  violin.args=list(width=0.5, alpha=0),
+  title="Differences in life expectancy across continents (2007)")
```

2.3.2 多因素方差分析

在 2.3.1 节关于植物干重的例子中，不同的实验处理措施构成了影响 weight 变量均值在组间产生变化的因素。而在实际问题研究中，可能会存在两个或两个以上的因素对同一个随机变量产生影响。分析多个因素作用下随机变量值的变异性问题需要用到多因素方差分析。在分析过程中，由于涉及多个因素对目标变量的影响，需要区分不同的作用方式。其中，多个因素的独立作用，称为主效应（main effect），

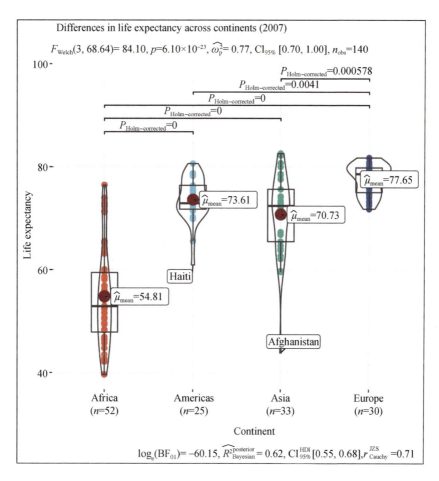

图 2-7 不同大洲之间国家尺度预期寿命的 ANOVA 结果

两个或者两个以上因素共同作用的部分，称为交互效应（interaction effect）。二者的空假设是有区别的，主效应的 H_0 假设一般为在第 i 个影响因素的所有水平（这里可以理解为分组）上，组间的均值没有差异；交互效应的 H_0 假设可以描述为因素之间对于变量的影响是相互独立的。多因素方差分析就是对上述两个假设进行检验，所采用的检验方法原理和要求与单因素方差分析是一致的。

下面以 R 语言自带的 npk 数据集为例来说明如何进行多因素方差分析。npk 一共有 24 个样本，分别记录在 6 种不同类型地块（block）

上，不同的 N 和 K 施肥措施（1 表示施用对应的肥料，0 表示没有）下豌豆的产量（yield）。在这里，有地块、N 和 P 共 3 个因素可以对产量产生影响。这三个因素的主效应部分，分别可以产生 6 个、2 个和 2 个分组，如果考虑 N 和 K 的交互效应，则可以产生 4 个分组。代码 2-16 和图 2-8 分别展示了如何绘制不同分组的 boxplot 图。

代码 2-16　多因素 ANOVA

```
>library(tidyverse)
>library(ggpubr)
>library(rstatix)
>library(patchwork)

## 选择数据
>npkD<-npk[,-c(3)]

## 按照 block 分组画 boxplot
>bxp1<-ggboxplot(
+    npkD, x="block", y="yield", add="jitter",
+    color="block", short.panel.labs=FALSE)

## 按照 N 分组画 boxplot
>bxp2<-ggboxplot(
+    npkD, x="N", y="yield", add="jitter",
+    color="N", palette="jama", short.panel.labs=FALSE)

## 按照 K 分组画 boxplot
>bxp3<-ggboxplot(
+    npkD, x="K", y="yield", add="jitter",
+    color="K", palette="jama", short.panel.labs=FALSE)

## 按照 N~K 分组画 boxplot
>bxp4<-ggboxplot(
+    npkD, x="N", y="yield", add="jitter",
```

```
+    color="N", palette="jama",
+    facet.by=c('K'), short.panel.labs=FALSE)
## 整体拼图显示
>bxp1+bxp2+bxp3+bxp4+plot_layout(nrow=2, ncol=2)
```

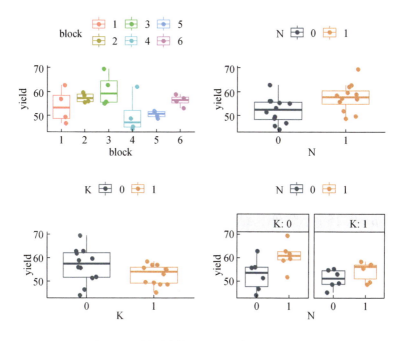

图 2-8　不同因素影响下 yield 的 boxplot 比较

　　按照上面的分组组合思路，对产量进行多因素方差分析。这里省略了正态性和方差齐次性的检验等处理，可以参考前面 2.3.1 节内容。在设计的多因素方差分析中，考虑了地块、N 和 K 的主效应，也考虑了 N 和 K 的交互效应。当然，在实际应用中可以根据具体情况采取不同的设计检验方案，如代码 2-17 所示。

代码 2-17　带有交互效应的 ANOVA

```
## ANOVA 分析
>npkD % >% anova_test(yield~block+N* K)
```

```
Coefficientcovariances computed by hccm()
ANOVA Table (type II tests)
```

	Effect	DFn	DFd	F	p	p<.05	ges
1	block	5	15	4.780	0.008	*	0.614
2	N	1	15	13.178	0.002	*	0.468
3	K	1	15	6.628	0.021	*	0.306
4	N:K	1	15	2.307	0.150		0.133

在代码 2-17 中，N * K 的表达方式等价于 N+K+N∶K，表明模型里包含了这两个因素的独立作用（"+"）和交互作用（"∶"）。从对应的分析结果中可以得出如下结论：不同地块之间平均产量有显著差异性（$p=0.008$）；施用/不施用 N 或者 K 之间平均产量有显著差异（$p=0.002$，0.021）；没有证据表明施用 N 和 K 措施之间对于产量存在相互影响（$p=0.15$）。此外，结果中给出的 ges 就是前面提到的用于计算效应量的 Eta-squared（表 2-1）。

最后，采用 Tukey's HSD 进行多重比较，寻找具体组别之间的差异性。从分析的结果中可以发现（代码 2-18），地块 3 和 4 以及 3 和 5 之间、施用 N 与不施用 N、施用 K 与不施用 K 之间均有显著的差异性（$p<0.05$）；对于 N 和 K 的交互效应来说，虽然整体并不显著，但是单独施用 N 与二者都不施用（$p=0.012$）、单独施用 K 或者 N（$p=0.003$）、只施用 N 和二者都施用（$p=0.049$）这些组别之间还是存在着显著或者边缘显著（通常在 $p<0.1$ 的情况下）的差别。

代码 2-18　事后多重比较

```
## 进行事后多重比较
>po.test<-npkD % >% tukey_hsd(yield~block+N* K)

## 显示全部结果
>print(po.test[,-c(4,6,7)], n=Inf)
## Atibble: 23×6
```

	term	group1	group2	estimate	p.adj	p.adj.signif
	<chr>	<chr>	<chr>	<dbl>	<dbl>	<chr>
1	block	1	2	3.42	0.792	ns
2	block	1	3	6.75	0.18	ns
3	block	1	4	-3.90	0.695	ns
4	block	1	5	-3.50	0.778	ns
5	block	1	6	2.32	0.949	ns
6	block	2	3	3.33	0.811	ns
7	block	2	4	-7.32	0.126	ns
8	block	2	5	-6.92	0.161	ns
9	block	2	6	-1.10	0.998	ns
10	block	3	4	-10.6	0.0127	*
11	block	3	5	-10.2	0.0169	*
12	block	3	6	-4.42	0.58	ns
13	block	4	5	0.400	1	ns
14	block	4	6	6.23	0.244	ns
15	block	5	6	5.83	0.305	ns
16	N	0	1	5.62	0.00247	* *
17	K	0	1	-3.98	0.0211	*
18	N:K	0:0	1:0	7.97	0.0115	*
19	N:K	0:0	0:1	-1.63	0.877	ns
20	N:K	0:0	1:1	1.63	0.877	ns
21	N:K	1:0	0:1	-9.6	0.00266	* *
22	N:K	1:0	1:1	-6.33	0.0489	*
23	N:K	0:1	1:1	3.27	0.466	ns

2.3.3 Kruskal-Wallis H 检验

在正态性和方差齐次性等前提条件不满足的情况下，理论上是不能使用参数化的 ANOVA 方法的，这个时候可以选择非参数的方差分析方法。Kruskal-Wallis H 检验（也称 one-way ANOVA on ranks）是基于秩的非参数单因素方差分析方法，用来检验两个或两个以上的样本是否来自同一总体。统计量 H 值的计算过程如下：将所有组样本混合排序，计算每个组样本秩的和 T_c，设 N 为总样本量，n_c 为 C 组的样本量，那么统计量 H 表达为

$$H = \frac{12}{N(N+1)} \left(\sum \frac{T_c^2}{n_c} \right) - 3(N+1) \tag{2-10}$$

在样本数据中存在较多的相同秩的情况下，可以对 H 的计算值进行校正。一般来说，当组数为 3 且存在某个组的样本量大于 5 或组数大于 3 时，H 近似满足自由度等于组数−1 的卡方分布，否则可以通过查 H 分布的临界表来完成显著性检验。

针对 2.3.1 节中 PlantGrowth 数据集的例子，对应的 Kruskal-Wallis H 检验的操作和结果如代码 2-19 所示。Kruskal-Wallis H 检验的事后成对样本的比较通常可以使用 Dunn's 检验来完成。Dunn's 检验是通过比较不同组平均秩的差异来完成的，由于涉及多重比较，也需要对检验结果的 p 值进行校正。

代码 2-19　H 检验

```
## Kruskal-Wallis H 检验
>kruskal.test(weight ~ group,data=PlantGrowth)


      Kruskal-Wallis rank sum test

data:  weight by group
Kruskal-Wallis chi-squared=7.9882, df=2, p-value=0.01842


## 事后多重比较
>library(rstatix)
## Dunn's 检验,并采用 holm 校正 p 值
>dunn_test(weight ~ group, data=PlantGrowth, p.adjust.method="holm")

## A tibble: 3×9
  .y.    group1 group2    n1    n2 statistic        p  p.adj  p.adj.signif
```

```
*   <chr>     <chr>   <chr>   <int>  <int>  <dbl>    <dbl>    <dbl>   <chr>
1   weight    ctrl    trt1    10     10     -1.12    0.264    0.264   ns
2   weight    ctrl    trt2    10     10     1.69     0.0912   0.182   ns
3   weight    trt1    trt2    10     10     2.81     0.00500  0.0150  *
```

2.3.4 Scheirer-Ray-Hare 检验

Scheirer-Ray-Hare 检验是用于双因素方差分析的非参数检验方法，可以看作 Kruskal-Wallis H 检验的扩展。假定某个随机变量受到两个因素 A 和 B 的共同影响，Scheirer-Ray-Hare 检验的 H_0 假设为：A 与 B 的主效应和 A 与 B 的交互效应都为 0，其计算方法也是基于秩，并将秩的总变异分解为 A 因素变异（RSS_A）、B 因素变异（RSS_B）和 A 与 B 交互作用的变异（RSS_{AB}），进而分别构造统计检验量 H，对于主效应来说，H 满足自由度等于因素水平-1 的卡方分布，对于交互效应来说，H 满足自由度等于两个因素水平-1 的乘积的卡方分布。针对 2.3.2 节的 npk 数据集的例子，对应的双因素 Scheirer-Ray-Hare 检验的操作和结果如代码 2-20 所示。分析结果同样表明，独立施用/不施用 N 或者 K 之间的平均产量有显著差异（$p = 0.018$, 0.094），但是没有统计证据表明共同施用 N 和 K 对于产量存在相互影响（$p = 0.53$）。事后多重比较采用 ART anova（Aligned ranks transformation ANOVA）方法来完成。

代码 2-20 Scheirer-Ray-Hare 检验

```
>library(rcompanion)
>npkD<-npk[,-c(3)]

## Scheirer-Ray-Hare 检验
## 使用 II 型方差
>scheirerRayHare(yield ~ N * K, data=npkD, type=2)
```

DV: yield

Observations: 24

D: 0.9986957

MS total: 50

	Df	Sum Sq	H	p. value
N	1	280.17	5.6107	0.01785
K	1	140.17	2.8070	0.09385
N:K	1	20.17	0.4039	0.52510
Residuals	20	708.00		

ART anova-事后多重比较

```
>library(ARTool)

>NK<-art(yield~N* K, data=npkD)
>anova(NK)
```

Analysis of Variance of Aligned Rank Transformed Data

Table Type:Anova Table (Type III tests)

Model: No Repeated Measures (lm)

Response: art(yield)

		Df	Df. res	F value	Pr(>F)
1	N	1	20	6.8947	0.016197 *
2	K	1	20	3.7506	0.067044 .
3	N:K	1	20	1.2328	0.280042

Signif. codes: 0 ' * * * ' 0.001 ' * * ' 0.01 ' * ' 0.05 ' . ' 0.1 ' ' 1

比较主效应

```
>art. con(NK, "N")
```

NOTE: Results may be misleading due to involvement in interactions

contrast estimate   SE df t. ratio p. value

0-1   -7 2.67 20 -2.626   0.0162

Results are averaged over the levels of: K

>art.con(NK, "N")
NOTE: Results may be misleading due to involvement in interactions
contrast estimate   SE   df   t.ratio   p.value
0-1   -7   2.67   20   -2.626   0.0162

Results are averaged over the levels of: K

比较交互效应
>art.con(NK, "N:K", adjust="none")

contrast	estimate	SE	df	t.ratio	p.value
0,0-0,1	3.00	3.44	20	0.873	0.3928
0,0-1,0	-8.67	3.44	20	-2.523	0.0202
0,0-1,1	-2.00	3.44	20	-0.582	0.5669
0,1-1,0	-11.67	3.44	20	-3.396	0.0029
0,1-1,1	-5.00	3.44	20	-1.456	0.1610
1,0-1,1	6.67	3.44	20	1.941	0.0665

2.3.5 置换多元方差分析

与参数方法的多元/多因素方差分析对应，置换多元方差分析（permutational multivariate analysis of variance，PERMANOVA）是适用于多因素方差分析的非参数方法，因此也称为非参数多因素方差分析（nonparametric multivariate analysis of variance，或者 ADONIS）。该方法的基本思路也是基于 F 统计的方差分析，使用距离矩阵对总方差进行分解，并使用置换检验（permutation test）的方法来完成基于 Pseudo-F ratios 的显著性测试。vegan 包提供了相应的函数 adonis2，下面利用其自带的数据集来演示具体的分析。在例子中，因变量 dune 是 20 个站点 30 种不同沙地植被的观测数据，影响变量 Management 是不同管理措施，A1 为土壤厚度，Moisture 是湿度等级。利用 adonis2 函数，分别对 3 个因素引起 dune 组间变异的总体效应、单个因素效应（与顺序有关）和边缘效应的显著性进行检验，具体操作和分析结果如代码 2-21 所示。

代码 2-21　ADONIS 分析

```
>library(vegan)
>data(dune)
>data(dune.env)

## 评估所有因素的总体效应
>adonis2(dune~Management+A1+Moisture, data=dune.env, by=NULL)
Permutation test for adonis under reduced model
Permutation: free
Number of permutations: 999

adonis2(formula=dune~Management+A1+Moisture, data=dune.env, by=NULL)
         Df   SumOfSqs   R2        F        Pr(>F)
Model    7    2.8136     0.65449   3.2473   0.001    * *
Residual 12   1.4854     0.34551
Total    19   4.2990     1.00000
---
Signif. codes:  0 ' * * * ' 0.001 ' * * ' 0.01 ' * ' 0.05 '.' 0.1 ' ' 1

## 序列评估每一项的效应 sequentially
>adonis2(dune~Management+A1+Moisture, data=dune.env, by="term")
Permutation test for adonis under reduced model
Terms added sequentially (first to last)
Permutation: free
Number of permutations: 999

adonis2(formula = dune ~ Management + A1 + Moisture, data = dune.env, by = "term")
```

```
              Df      SumOfSqs     R2         F         Pr(>F)
Management   3      1.4686      0.34161    3.9548    0.001      * * *
A1           1      0.4409      0.10256    3.5618    0.005      * *
Moisture     3      0.9042      0.21032    2.4349    0.011      *
Residual    12      1.4854      0.34551
Total       19      4.2990      1.00000
---
Signif. codes:  0 ' * * * ' 0.001 ' * * ' 0.01 ' * ' 0.05 '.' 0.1 ' ' 1
```

独立评估每一个因素的边缘效应
```
>adonis2(dune ~ Management+A1+Moisture, data=dune.env, by=
+"margin")
Permutation test for adonis under reduced model
Marginal effects of terms
Permutation: free
Number of permutations: 999

adonis2(formula=dune ~ Management+A1+Moisture, data=dune.env, by="mar-
gin")
              Df      SumOfSqs     R2         F         Pr(>F)
Management   3      0.9036      0.21019    2.4334    0.018      *
A1           1      0.1934      0.04500    1.5627    0.174
Moisture     3      0.9042      0.21032    2.4349    0.009      * *
Residual    12      1.4854      0.34551
Total       19      4.2990      1.00000
---
Signif. codes:  0 ' * * * ' 0.001 ' * * ' 0.01 ' * ' 0.05 '.' 0.1 ' ' 1
```

2.3.6 列联表的检验

列联表是一种矩阵形式的频率分布数据，是按照离散型的类别变量（categorical variables）进行分类统计的结果，类别变量通常包括

nominal（无次序的）和 ordinal（有次序的）以及 quantitative（定性描述）等类型，数据的表现形式为计数型的频率表，并且在不同类别之间具有排他性。代码 2-22 的数据就是一个典型的 2×2 列联表的例子，当然还有 *I*×*J* 或者 *I*×*J*×*K* 等不同类型的列联表，这里的字母代表每一个因素维度上的类别数。

代码 2-22　列联表数据

```
>pdata<-matrix(c(36, 18, 100, 156), ncol=2,
+dimnames=list(Treatment=c("Placebo", "Vitamin_C"),
+    Cold=c("Cold", "No_cold")))
>pdata
          Cold
Treatment   Cold   No_cold
  Placebo    36     100
  Vitamin_C  18     156
```

在上面的例子中，治疗方案 Treatment 和是否感冒 Cold 构成了两个类别因素，并且每一个因素都有两种不同的取值类型，所有的调查样本都可以作为频率计数统计在这个 2×2 的列联表中。列联表中数字具体的含义也很容易理解，如这里的 36 就是服用安慰剂（Placebo）并且得了感冒的人数。面对这个列联表中的数据，可能会产生这些问题：治疗方案的不同是否与感冒之间有关联？服用安慰剂那一组相比服用维生素 C（Vitamin_ C）那一组得感冒的概率是多大？回答这些问题，需要对列联表进行检验和定量分析。

在列联表中，每一行和每一列的总数为 marginal totals，而所有的总数为 grand total。如果两个因素的作用是相互独立的，那么格子 *ij*（分别代表行号和列号）的频数的期望 E_{ij} 应该是对应的 marginal totals 乘积与 grand total 之比，即

$$E_{ij} = i \text{ rowtotal} \times j \text{ col. total}/\text{grandtotal} \tag{2-11}$$

满足上述假设，则称因素之间是相互独立的。Fisher's exact 检验、

Pearson's chi-squared 检验和 the deviance statistic G^2 等方法可以实现上述的检验。Fisher's exact 检验通常适用于小样本，Pearson's chi-squared 检验的统计量 χ^2 计算的是实际频数 O_{ij} 与 E_{ij} 的差异：

$$\chi^2 = \sum_i \sum_j \frac{(O_{ij} - E_{ij})^2}{E_{ij}} \qquad (2\text{-}12)$$

式 (2-12) 在 H_0 下满足自由度为行数–1 和列数–1 乘积的卡方分布。G^2 也称为似然比检验 (likelihood-ratio test，LRT) 或者是似然比卡方检验 (likelihood-ratio chi-squared test)，其统计量的计算表达是

$$G^2 = 2 \sum_i \sum_j O_{ij} \log\left(\frac{O_{ij}}{E_{ij}}\right) \qquad (2\text{-}13)$$

代码 2-23 展示的是 Fisher's exact 检验和 Pearson's chi-squared 检验用于列联表数据的具体操作和对应的分析结果。

代码 2-23　列联表测试

```
## Fisher's exact 检验
>fisher.test(pdata)
        Fisher's Exact Test for Count Data
data:pdata
p-value=0.0002589
alternative hypothesis: true odds ratio is not equal to 1
95 percent confidence interval:
1.617627 6.155095
sample estimates:
odds ratio
  3.108218

>chisq.test(pdata, correct=FALSE)
        Pearson's Chi-squared test
data:pdata
X-squared=13.799, df=1, p-value=0.0002034
```

两种检验方法共同表明，两个因素之间的交互对于最后结果的影响是不独立的，也可以说治疗方案的差异与是否感冒的结果是显著依赖的（$p<0.001$）。值得注意的是，这样的结论是依据检验的 p 值而做出的，但是 p 值是显著依赖于样本量的，如果将所有的列联表频数扩大 10 倍，那么计算的 p 值会明显降低（代码 2-24），而实际上整个表的频数比例并没有发生变化。因此，需要进一步计算与样本量无关的效应量来对因素之间的关系强度进行判断，这里使用的是表 2-1 中列出的 Cramer's V 来进行计算。对于 Cramer's V 来说，大于 0.25 被认为因素之间的联系是 "very strong" 的，大于 0.15 是 "strong" 的，0.05 左右是 "weak" 的。本例子的结果为 0.21，进一步可以表明治疗方案和是否感冒这两个因素之间的强关联性。

代码 2-24　效应量分析

```
## 增加10倍, 不同的p-value
>chisq.test(pdata* 10, correct=FALSE)
        Pearson's Chi-squared test
data:pdata * 10
X-squared=137.99, df=1, p-value<2.2e-16

## 效应量
>effectsize::cramers_v(pdata)
Cramer's V |      95% CI

-------------------------
0.21       |[0.12, 1.00]
-One-sidedCIs: upper bound fixed at (1).

>effectsize::cramers_v(pdata* 10)
Cramer's V |      95% CI

-------------------------
0.21       |[0.18, 1.00]
-One-sided CIs: upper bound fixed at (1).
```

此外，对于列联表类型的数据来说，还经常会用到一些定量指标的计算与对应的置信区间，包括 difference in proportions、relative risk 和 odds ratio 等，这些指标的计算都比较简单，并且含义也很直接明了，这里就不再详细介绍。

2.4 小 结

假设检验的思想和方法是统计分析的基础。用于均值和方差比较的假设检验在实际问题研究中的应用非常普遍。能够完成比较检验的统计方法也很多，并且每一种都可能适用于不同的情况，对于总体的分布特征也有不同的要求。因此，选择合适的检验方法对于研究结论的支持是十分重要的。虽然在具体的检验方法里没有明确提出与空间有关的概念，但实际上区域本身可以构成随机变量分组观测的影响因素，那么本章所介绍的各种检验方法就可以直接应用于与空间有关问题的研究，并且应用的方式是没有区别的。

| 第3章 |　　相 关 分 析

本章包含与相关分析方法有关的三部分内容，一是对线性相关、秩相关（rank correlation）、偏相关（partial correlation）和典型相关等系列通用相关分析方法的介绍，二是对全局和局部（local）的空间自相关分析（spatial autocorrelation，SAC）方法与应用进行讲解，三是介绍如何使用交互检验方法分析时空相关性的问题。

3.1　通用相关分析

3.1.1　简单线性相关

在统计分析方法中，相关分析用于定量测量随机变量或者数据集之间的统计依赖性。需要注意的是，相关分析的结果必须在实际问题中能够有合理的解释，也就是说在实际问题存在因果关系（causal relationship）的前提下，相关分析的结果才是有意义的。因此，相关分析绝对不能替代因果分析。因果关系需要根据实际问题的专业背景知识来判断，而相关分析只是利用相关系数（correlation coefficients）给出统计依赖性的数值测量。

在所有的相关分析方法中，Pearson 相关系数（Pearson product-moment correlation coefficient）是最常用的一种参数分析方法，记作 Pearson's r 或者 r，取值范围是 $[-1, 1]$。它衡量的是两个变量之间的线性相关关系（linear correlation）的大小，反映两个变量整体平均响应关系的大小。Pearson's r 的计算为两个随机变量的协方差除以各自标

准差的乘积。对于基于样本的估计来说，Pearson's r 可表达为

$$r = r_{xy} = \frac{\sum_{i=1}^{n}(x_i - \bar{x})(y_i - \bar{y})}{\sqrt{\sum_{i=1}^{n}(x_i - \bar{x})^2}\sqrt{\sum_{i=1}^{n}(y_i - \bar{y})^2}} \tag{3-1}$$

式中，x_i 和 y_i 为样本的均值；n 为样本量。式（3-1）给出了 Pearson 相关系数大小的点估计，区间估计可以使用 Bootstrap 方法或者 Fisher transformation 来完成。Pearson's r 的统计显著性可以由满足 $n-2$ 自由度的 t 分布进行近似检验：

$$t = r\sqrt{\frac{n-2}{1-r^2}} \tag{3-2}$$

下面结合 R 语言里 faithful 数据集来说明如何使用简单线性相关分析。faithful 里记录了黄石公园 Old Faithful 间隙泉每次喷发时长 eruptions 和下次喷发等待时间 waiting 共 272 个观测记录，这两个变量之间的线性相关分析操作和结果如代码 3-1 所示，method 参数指明了使用上述的 Pearson 相关系数。

代码 3-1 简单相关分析

```
## 简单线性相关
>cor.test(faithful$eruptions, faithful$waiting, method="pearson")

        Pearson's product-moment correlation

data:  faithful$eruptions and faithful$waiting
t=34, df=270, p-value<2e-16
alternative hypothesis: true correlation is not equal to 0
95 percent confidence interval:
0.876 0.921
sample estimates:
  cor
0.901
```

上面的分析结果分别给出了 Pearson 相关系数的大小、95% 的置信区间和 t 检验的结果，表明两个变量之间存在着显著的正的线性相关关系（$r=0.901$，$p<0.001$）。结果中，t 为检验统计量计算值，df 为自由度，true correlation 是指样本代表的总体之间的相关性。

3.1.2 秩相关

Pearson 相关系数衡量的是两个变量之间的平均响应和线性相关程度。作为一种参数分析方法，要求变量的分布满足正态性，并且对于异常值是敏感的。这就意味着有异常值存在的情况下，所得出的相关系数的估计可能存在很大偏差。在实际应用中，更为稳健的非参数的秩相关估计方法的使用更加广泛。秩相关是一种测试统计依赖性的非参数方法，适用于连续与离散型变量，对变量的分布没有要求。秩相关刻画的是随机变量之间的单调（monotonic）关系，测量的是样本之间对应排序的响应，而不是数值大小的响应，因此秩相关的结果与变量的绝对值大小无关，并且对观测异常值（在一定比例条件下）也是不敏感的。

Spearman's rank correlation（记作 Spearman's rho）和 Kendall's rank correlation（记作 Kendall's tau）是两种常用的秩相关分析方法。其中，Spearman's rho 的定义为

$$\text{rho} = 1 - \frac{6 \sum d_i^2}{n(n^2 - 1)}, d_i = \text{rg}(X_i) - \text{rg}(Y_i) \tag{3-3}$$

式中，n 为样本量；rg 为变量在对应样本里的排序值。rho 的显著性检验可以由 t 检验来完成，检验量的计算可表达为

$$t = \text{rho} \sqrt{\frac{n-2}{1-\text{rho}^2}} \tag{3-4}$$

代码 3-2 对比展示了在设定异常值存在的情况下，相比 Pearson 相关系数，Spearman's rho 和 Kendall's tau 这两种非参数方法仍然可以给出相对稳健的结果。

代码3-2 秩相关分析

```
>x<-mtcars $ wt
>y<-mtcars $ mpg
## 设定异常值
>y[15]<-100


## Pearson 线性相关
>cor. test (x, y, method="pearson")
        Pearson's product-moment correlation
t=0.3, df=30, p-value=0.8
alternative hypothesis: true correlation is not equal to 0
  cor
0.051


## Spearman 秩相关
>cor. test (x, y, method="spearman")
        Spearman's rank correlation rho
S=9425, p-value=2e-06
alternative hypothesis: true rho is not equal to 0
   rho
-0.727


## Kendall 秩相关
>cor. test (x, y, method="kendall")
        Kendall's rank correlation tau
z=-5, p-value=9e-07
alternative hypothesis: true tau is not equal to 0
   tau
-0.615
```

3.1.3 偏相关

在实际的问题中，无论是线性相关还是秩相关，都被广泛应用于测试两个随机变量之间的联系程度。但是一个事实经常被忽略，那就是两个目标变量之间的相关性可能受到其他变量的影响。在这样的情况下，单纯独立计算两个变量之间的相关性就可能带来估计的偏差甚至错误的结论，这时候需要使用偏相关的分析方法来处理。

常用的偏相关分析方法主要有两种，一种就是偏相关本身，它处理在第三个随机变量 Z 存在的情况下，X 与 Y 之间的相关系数的调整，其计算方式如下：

$$r_{XY \cdot Z} = \frac{r_{XY} - r_{XZ} r_{YZ}}{\sqrt{1 - r_{XZ}^2} \sqrt{1 - r_{YZ}^2}} \tag{3-5}$$

式中，r 为相关系数，可以通过 Pearson's r、Spearman's rho 或者 Kendall's tau 等方法来计算。式（3-5）给出的结果是给定 Z 的条件下（即 Z 与 X 和 Y 都存在相关性）X 与 Y 变量之间的相关程度的计算。

还有一种称为半偏相关（semi-partial correlation）分析，式（3-6）代表了其中的一种计算情形：

$$r_{X(Y \cdot Z)} = \frac{r_{XY} - r_{XZ} r_{YZ}}{\sqrt{1 - r_{YZ}^2}} \tag{3-6}$$

式中，$r_{X(Y \cdot Z)}$ 表示在控制 Z 对 Y 的影响下 X 和 Y 之间的半偏相关系数，根据这样的计算方式，在实际应用中还可以演化出其他情形。

R 自带的 LifeCycleSavings 数据集是对全球 50 个国家 1960～1970 年存款率的观测，其中 dpi 和 sr 变量分别是实际人均可存款收入与累积个人存款总量，pop15 和 pop75 变量则分别是 15 岁以下和 75 岁以上人口的比例。首先利用 Spearman's rho 来计算成对变量之间的相关性。结果显示，四个变量之间均存在着显著的（$p<0.05$）单调相关关系，并且从人口和经济的实际意义上来说也是合理的。那么在这种情形下，如想要分析 sr 与 pop75 之间的相关性，可能就要考虑 dpi 变量的影响，或者是分析 sr 与 dpi 之间的相关关系，就要顾及 pop75 与二者之间的关系。下面就以这两种假定的情况为例，进行两种偏相关分析（代码 3-3）。

代码 3-3　偏相关分析

```
>library(ppcor)
>library(Hmisc)
```

准备数据

```
>dat<-data.frame(LifeCycleSavings)[,-c(5)]
```

利用 rho 测试变量之间的相关性

```
>rcorr(as.matrix(dat),type="spearman")
          sr        pop15       pop75       dpi
sr        1.00      -0.42       0.32        0.28
pop15     -0.42     1.00        -0.88       -0.78
pop75     0.32      -0.88       1.00        0.81
dpi       0.28      -0.78       0.81        1.00
```

给定 dpi 条件下 sr ~ pop75 的偏相关性

```
>pcor.test(dat$sr,dat$pop75,dat$dpi,method="spearman")
    estimate p.value   statistic   n     gp   Method
1   0.155    0.288     1.07        50    1    spearman
```

从 dpi 中移除 pop75 条件下 sr ~ dpi 的偏相关性

```
>spcor.test(dat$sr,dat$dpi,dat$pop75,method="spearman")
  estimate p.value statistic  n gp  Method
1  0.0472  0.748    0.324 50  1 spearman


          sr        pop15       pop75       dpi
sr                  0.0026      0.0254      0.0465
pop15     0.0026                0.0000      0.0000
pop75     0.0254    0.0000                  0.0000
dpi       0.0465    0.0000      0.0000
```

　　对比直接的相关分析和偏相关分析的结果可以发现，无论使用哪种偏相关分析方法，当考虑第三个变量影响的情况时，两个目标变量之间的相关关系都不再显著。因此，在涉及多变量之间的相关关系分析的时候，这样的可能存在的对于最后结果有显著影响的现象一定要注意处理。

3.1.4 典型相关

前文讲到的方法都是用于分析两个变量之间的相关性。但在实际问题中，可能会遇到需要分析两组变量之间相关性的问题。例如，在前文的例子中，可以将 pop15 和 pop75 看作一组与人口有关的变量，将 dpi 和 sr 看作一组与经济相关的变量，除了两个变量之间的相关关系外，还可能需要分析这两组变量 $X = (X_1, X_2, \cdots, X_n)$ 和 $Y = (Y_1, Y_2, \cdots, Y_m)$ 之间的整体相关性，这个时候就需要用到典型相关分析（canonical correlation analysis）。典型相关分析的基本思路是先将每一组变量线性组合成一个变量，然后分析两个组合变量之间的相关关系，并使得组合变量之间存在最大可能的相关性。线性组合通常可以采用主成分分析（principal component analysis）的方法进行。代码3-4 展示的是如何对上述两组变量进行典型相关分析，在这里使用的是 cancor 函数，参数 xcenter 和 ycenter 用来表明是否在线性组合中采用中心化操作（即原始数据减去均值）。

代码 3-4　典型相关分析

```
## 准备两组变量数据
>Xeco<-LifeCycleSavings[,c(1,4)]
>Ypop<-LifeCycleSavings[,c(2,3)]
>
## 两组变量的典型相关分析
>cancor(Xeco, Ypop, xcenter=TRUE, ycenter=TRUE)
$cor
[1] 0.822 0.355

$xcoef
```

```
       [,1]          [,2]
sr     0.009568      3.13e-02
dpi    0.000128      -7.33e-05

$ycoef
       [,1]          [,2]
pop15  -0.00947      -0.0361
pop75  0.04609       -0.2608

$xcenter
     sr     dpi
  9.67 1106.76

$ycenter
pop15 pop75
35.09  2.29
```

组合变量的相关性检验，计算方式如正文所示
```
>cor.test(X,Y)
        Pearson's product-moment correlation
data:  X and Y
t=10, df=48, p-value=2e-13
alternative hypothesis: true correlation is not equal to 0
95 percent confidence interval:
0.705 0.896
sample estimates:
  cor
0.822
```

　　在例子代码的输出结果中，$cor 给出了两组组合变量之间的相关系数（这里使用的是默认的 Pearson's r）。典型相关分析通常只关心其中最大的相关系数，它计算的是两个线性组合的第一个主成分（principal component）的相关系数值。$xcoef 和 $ycoef 则分别给出了

两组线性组合的系数，那么各自的第一个主成分的组合计算可以表达成

$$X=0.0096\times[sr-mean(sr)]+0.000128\times[dpi-mean(dpi)]$$

$$Y=-0.0094\times[pop15-mean(pop15)]+0.046\times[pop75-mean(pop75)]$$

　　计算结果 0.822 就是 X 和 Y 之间的 Pearson 相关系数的大小（代码 3-4）。进一步可以对相关关系进行显著性检验，结果表明 X 和 Y 之间的正线性相关关系是统计显著的（$p<0.001$）。值得注意的是，X 和 Y 是原始观测变量的线性组合，具体的含义还需要根据组合系数的大小和正负号来进行进一步的解释与阐述。在这个例子中，pop75 和 pop15 分别对 X 是正的和负的贡献，而 sr 和 dpi 对 Y 都是正的贡献（根据线性组合的系数），结合 X 和 Y 之间存在正的相关关系，可以有这样的结论：一个国家 75 岁以上人口的比例越大并且 15 岁以下的人口比例越小，那么人均可存款收入和累积个人存款总量就越大。

3.2　空间相关分析

3.2.1　空间自相关

　　空间自相关用于分析某一个变量在空间上的分布模式，用来从全局的角度检验一个对象的属性与邻近对象之间的相似或者相异程度。常说的 Tobler's first law of geography 指出，所有的事物与其他事物都是有关系的，但是近距离之间的事物具有更强的相关性。如图 3-1 所示，从相关分析的角度来看，一个变量在空间上的整体分布具有负的自相关（negative autocorrelation，左图）、随机（random，即相关关系不显著，中间图）和正的自相关（positive autocorrelation，右图）三种。从局部对象的角度来看，这三种相关性分别意味着某个对象与周围对象的属性之间具有相异的、随机的和相似的关系。从变量的空间整体分布角度来看，则对应着该变量在空间上具有离散（dispersed，左图）、

随机（中间图）和聚集（clustered，右图）分布的特点。

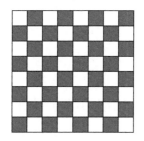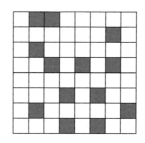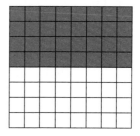

图 3-1　空间自相关与分布的类型

Moran's I 是被经常使用的空间自相关程度的一种全局测量指标，它的基本原理和计算形式与简单线性相关的 Pearson's r 非常类似，定义为随机变量 X 在空间邻近单元上的协方差除以总体方差，基于样本的估计表达式为

$$I = \frac{N}{W} \frac{\sum_i \sum_j w_{ij}(x_i - \bar{x})(x_j - \bar{x})}{\sum_i (x_i - \bar{x})^2} \tag{3-7}$$

式中，N 为空间单元对象的个数；w_{ij} 为和距离有关的权重矩阵，通常情况下相邻为 1，不相邻为 0，也可以根据具体的需求来设定，W 为所有 w_{ij} 之和。I 的取值范围是 $-1 \sim 1$，-1 和 1 分别表明 X 具有完全负的和正的空间自相关性。

I 的计算数值给出了自相关大小的测量，进一步还需要对 I 的统计显著性进行假设检验。其空假设 H_0 为随机变量 X 的取值在空间单元上的分布是随机的。由于 X 在完全空间随机分布下的概率密度函数是未知的，假设检验通常是借助于 Z 检验（也称 Z-score）来完成（可以使用基于随机模拟的置换检验）。在这里，Z 的计算公式如下：

$$Z = \frac{I - E(I)}{\sqrt{\mathrm{Var}(I)}} \tag{3-8}$$

式中，$E(I)$ 和 $\mathrm{Var}(I)$ 分别是总体的（注意不是样本的）期望和方差，$E(I)$ 的表达形式为 -1 与 $(N-1)$ 的比值，而 $\mathrm{Var}(I)$ 的表达则比较复杂，在这里就不详细列出，感兴趣的可以参考相关资料。Z 是满足 N（0，1）的标准正态分布，其显著水平的临界值是固定的。因此，在实际应用中，直接给出 Z 值的大小就可以了，而不再需要给出 p 值大小。因此，在 α = 0.05 的显著水平下，可以有以下的结论和判断：Z >1.65 表明变量的空间分布比期望的随机分布更加聚集（即显著的正自相关）；Z<−1.65 表明变量的空间分布比期望的随机分布更加离散（即显著的负自相关）。需要注意的是，由于存在正负自相关两种可能，这里采用的是单尾检验条件下的 Z 的临界值±1.65。

下面结合具体实例来说明 Moran's *I* 的分析和应用方法。R 的 spData 包中提供了关于伊利（Erie）的 26 个县采样人口中 A 型血比例分布的数据，并以 ESRI Shapefile 的格式进行存放。数据的读取、操作和地图绘制如代码 3-5 所示。

代码 3-5　地图数据操作

```
>library(rgdal)
>library(spdep)
>library(maptools)

## 计算邻居单元
>eire.nb<-poly2nb(eire)
>data(eire)

## 画分级设色图
>brks<-round(fivenum(eire$A), digits=2)
>cols<-cm.colors(4)
>plot(eire, col=cols[findInterval(eire$A,brks, all.inside=TRUE)])
>plot(eire.nb, coordinates(eire), add=TRUE, col='blue')
>legend(x=c(-30, 80), y=c(6120, 6050),leglabs(brks), fill=cols, bty="n")
```

Moran's *I* 的计算需要提供邻居权重矩阵，这里采用的是 spdep 包提供的 poly2nb 函数进行获取，结果如图 3-2 中的蓝色线的连接情况所示，圆圈代表对应多边形的重心点（centroids）。从图3-2中可以看出，A型血比例的分布可能具有明显的空间聚集特征，东半部的值普遍较高，而西半部的值较低。下面通过执行 Moran's I 进行全局的空间自相关检验（代码3-6），输入的数据为随机变量的值以及邻居权重矩阵。在 Moran's I 检验的输出的结果中，$I=0.55$ 表明变量具有正的空间自相关，随机分布下的期望为 -0.04，方差为 0.016，所列出的 standard deviate 就是上面所说的 Z 值。Z 值等于 4.69 可以进一步得到这样的结论：A型血人口比例在伊利的 26 个县的空间分布比期望的随机分布更加聚集，这里的聚集意味着取值接近的空间分布也相近。

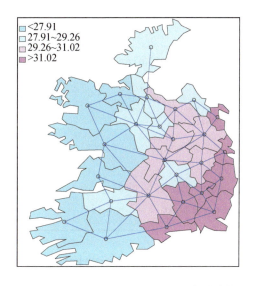

图 3-2　伊利县级 A 型血采样人口比例分布情况

代码 3-6　Moran's I 分析

```
## 执行Moran's I测试
>moran.test(eire$A, nb2listw(eire.nb))

    Moran I test underrandomisation
```

```
data: eire$A
weights: nb2listw(eire.nb)


Moran I statistic standard deviate=4.6851, p-value=1.399e-06
alternative hypothesis: greater
sample estimates:
Moran I statistic     Expectation          Variance
       0.55412382     -0.04000000        0.01608138
```

执行 Moran's *I* 的置换检验

```
>set.seed(91827)
>moran.mc(eire$A, nb2listw(eire.nb), nsim=999)


        Monte-Carlo simulation of Moran I

data: eire$A
weights: nb2listw(eire.nb)
number of simulations+1: 1000


statistic=0.55412, observed rank=1000, p-value=0.001
alternative hypothesis: greater
```

　　与 Moran's *I* 类似的可用于空间自相关检验的还有 Getis-Ord General *G* 和 Geary's *C*，其基本的原理和显著性检验的方式都是类似的。下面介绍一下 Getis-Ord General *G* 与 Moran's *I* 的差别之处。对于一个二值型的邻居权重测量来说，Getis-Ord General *G* 的取值范围为 0~1，用于衡量全局尺度上某空间随机变量高值或者低值的聚集程度，可以根据 *Z* 值的大小进行判断：*Z* >1.65 表明变量高值的空间分布比期望的随机分布更加聚集；*Z*<−1.65 则表明变量低值的空间分布比期望的随机分布更加聚集。正是因为这样的结论特点，Getis-Ord General *G* 也被称为全局尺度上高低聚类的测量（measure of high or low clustering）。代码 3-7 展示的是利用 Getis-Ord General *G* 函数对北卡罗来纳州（North

Carolina）的 100 个县在 1979 年的 SID（sudden infant deaths）数量空间分布的检验结果，$Z = 2.89$ 表明 SID 的高值分布呈现显著的空间聚集特征。

代码 3-7　Getis-Ord General *G* 分析

```
>library(maptools)
>library(rgdal)
>library(spdep)

>sids<-readOGR(system.file("shapes/sids.shp", package="spData")[1])
>sids.nb<-poly2nb(sids)

## 执行 Getis-Ord General G 测试
>globalG.test(sids$SID79, nb2listw(sids.nb))

        Getis-Ord global G statistic

data:sids$SID79
weights: nb2listw(sids.nb)

standard deviate=2.8951, p-value=0.001895
alternative hypothesis: greater
sample estimates:
Global G statistic      Expectation         Variance
      1.267051e-02      1.010101e-02      7.877082e-07
```

3.2.2　Moran 散点图

Moran 散点图（scatterplot）是一种可视化的定量制图方法，通过散点图可以看出某个区域的属性（即随机变量的取值）与周围邻居区域之间的相似或者相异程度的大小，从而对该区域以及邻居区域属性分布状况有一个直观的判断。在 Moran 散点图中，X 轴为给定单元变量值的标准化值（即 Z-scores，等于该值减去样本均值除以标准方差），Y 轴为该单元的邻居单元变量均值的 Z-scores，称为 lagged value，对应的操作和结果如代码 3-8 和图 3-3 所示。

代码 3-8　Moran 散点图与 correlograms

```
>library(spdep)
>library(pgirmess)
>library(ggplot2)
>library(sf)
>library(patchwork)

## 读入数据
>eire<-st_read(system.file("shapes/eire.shp", package="spData"))

## 获取 centroid
>coords<-st_coordinates(st_centroid(eire))
>eire$long<-coords[,1]
>eire$lat<-coords[,2]

## 计算邻居单元
>eire.nb<-poly2nb(eire)

## 地图绘图
>p1=ggplot(eire, aes(x=long, y=lat))+
+   geom_sf(aes(fill=A))+
+   scale_fill_gradientn(colours=topo.colors(15))+
+   geom_text(aes(label=names), size=2.8, color="red", hjust=0.5)+
+   theme(axis.title=element_blank(), axis.text=element_blank(),
+     axis.ticks=element_blank())+
+   theme_void()+
+   theme(legend.position="none")
```

```
## Moran's I 散点图
>MI <-moran. plot (as. vector (scale (eire $A)), nb2listw (eire. nb), plot =
FALSE)
>p2=ggplot(MI, aes(x=x, y=wx))+
+  geom_point(col='blue', size=2.5, shape=16 )+
+  geom_smooth(formula=y~x, method="lm", col="red")+
+  geom_hline(yintercept=mean(MI $wx), lty=2)+
+  geom_vline(xintercept=mean(MI $x), lty=2)+
+  geom_text(data=MI[MI $is_inf,], size=2.7,
+    aes(x=x, y=wx, label=eire $names[MI $is_inf], vjust=1))+
+    xlab("Scaled local value")+ylab("Spatially lagged value")

## 拼接显示
>p1+p2

## Spatial correlograms
>par(mfrow=c(1,2))
>cords<-coordinates(eire)
>colnames(coords)<-c("X", "Y")
>plot(coords, type='p', asp=1, pch=20, cex=1.5, col='blue',
+ylim=c(5800, 6100), main="Centroids of counties")
>res<-correlog(coords, eire $A, method="Moran", nbclass=7)
>plot(res)
```

如图 3-3 的右图所示，Moran 散点图可以分为四个区域，从右上角逆时针分别是 high with high、low with high、low with low 以及 high with low，其对应的含义也是直接的。在全局正相关的情况下，散点基本围绕着正向（从左下到右上）分布，就如例子中给出的情形。在全局负相关的情况下，散点会围绕着负向（从左上到右下）分布。如果不存在全局显著的自相关，那么对应的 Moran 散点图也没有明显的分布规律。有研究试图通过拟合散点的线性趋势来反向说明空间自相关的模式，但从根本上说没有实际定量化的意义。Moran 散点图本身只是个

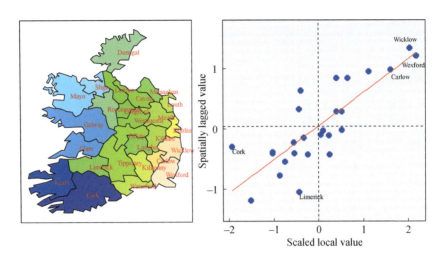

图 3-3　变量空间分布（左）与对应的 Moran 散点图（右）

可视化的方法，而没有任何统计检验结果的衍生与支撑。

在探讨全局空间自相关的时候，有一个现象可能被忽略了，那就是尺度效应。在 Moran's I 或者其他类似统计检验量计算的时候，尺度效应意味着如何定义一个对象的邻居问题，或者说距离"多远"的对象可以视为是空间邻接的。对于面类型的对象（也称 areal data）来说，最常用的就是根据边或顶点重合来判断，无论数据的比例尺是多少，这种判定规则的结果几乎不会被改变，那么空间自相关检验的结果就与尺度无关，这样的结论不能简单地进行对与错的判断，只能说是看问题的角度不同。如果想改变这样的结果，需要通过重心点将面类型对象转化为点类型对象。点与点的真实距离与任何观测尺度都无关，而与定位的精度和测量方式有关，并且可以通过改变距离阈值的大小来决定两个空间对象是否是邻近的。对于不同的阈值，空间对象之间的邻接关系是变化的，因此会产生不同的空间自相关测试结果，这就是 Spatial correlograms 的由来和计算原理，就像图 3-4 所展示的那样（对应的操作在代码 3-8 中）。

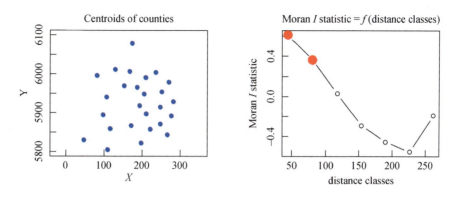

图 3-4　多边形重心点（左）与 Moran's *I* Spatial correlograms（右）

　　在 Spatial correlograms 分析中，一共设置了 7 个不同的距离阈值来决定邻居的定义，每次都可以计算对应的 Moran's *I* 值，具有统计显著意义的结果在图 3-4 中用红色标记。从结果中大体可以发现有以下主要规律：当距离阈值减小时，邻居单元的数量变少，考虑的范围变小，那么局部变异性的影响减小，整体空间自相关的程度升高；当距离阈值变大时，邻居单元的数量变多，考虑的范围变大，那么局部变异性的影响增加，整体空间自相关的程度降低。显然，这样的结果和规律性具有某种程度上的普遍性，这也正是尺度效应下空间问题的鲜明特点。

3.2.3　局部自相关

　　前文介绍的 Moran's *I* 和 Getis-Ord General *G* 等都是对变量空间分布全局特征的测量统计与检验。全局统计假设通常是假定具有均质性或者同质性（homogeneity），即影响变量空间分布的因素是完全相同的。但当这样的假设不被满足时，即研究区域是非均质的或者异质（heterogeneity）的情况时，单一的全局 Moran's *I* 测量是没有实际意义的，这是因为 H_0 假设下异质性会引起方差的变化，从而导致后面的检验不是稳健的。同时，即使全局水平上不存在显著的分布特征，局部区域也可能出现显著的自相关。因此，个体单元尺度上变量空间自相关程度的测量称为 LISA（local indicators of spatial association），或者为 Local Moran's I，通常写成 Moran's I_i，代表该统计测量为 Moran's I 的局部版本。

$$I_i = \frac{x_i - \bar{X}}{S_i^2} \sum_{j=1}^{n} w_{ij}(x_j - \bar{X}), \forall i \neq j \qquad (3\text{-}9)$$

$$S_i^2 = \frac{\sum_{j=1}^{n} (x_j - \bar{X})^2}{n-1} \qquad (3\text{-}10)$$

与 I 类似，I_i 的统计显著性也采用 Z-score 来测量：

$$Z_i = \frac{I_i - E(I_i)}{\sqrt{\mathrm{Var}(I_i)}} \qquad (3\text{-}11)$$

式中，完全随机下总体的期望 E（I_i）和方差 Var（I_i）的具体表达形式可以参考相关资料。特别地，有如下的全局和局部自相关的测量关系：

$$I = \frac{\sum_{i=1}^{n} I_i}{\sum \sum w_{ij}} \qquad (3\text{-}12)$$

根据局部的 Z_i（即每一个空间对象单元都会有对应的 Z-score）大小，通常可以得出如下统计结论：$Z_i > 1.65$ 表明 i 单元与邻居单元具有显著相似的值，包括高–高或者低–低形式的聚集；$Z_i < -1.65$ 则表明 i 单元与邻居单元具有显著相异的值，包括高–低或者低–高形式的异常组合。因此，Moran's I_i 可以用于空间变量在局部显著分布特征的识别。下面结合前面用到的北卡罗来纳州的 SID 数据集（图 3-5）来说明 Moran's I_i 的具体使用方法，代码 3-9 和代码 3-10 分别给出了数据读取、画图和执行 Moran's I_i 分析与结果展示（图 3-6）。

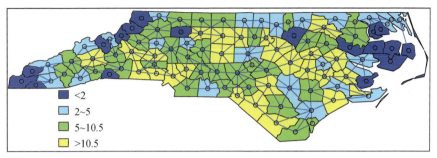

图 3-5　SID 变量在北卡罗来纳州的空间分布情况

代码 3-9　地图数据处理

```
>library(maptools)
>library(rgdal)
>library(spdep)

## 读入 Shapefile 文件
>sids<-readOGR(system.file("shapes/sids.shp", package="spData")[1])

## 计算邻居单元
>sids.nb<-poly2nb(sids)

## 画分级设色图
>brks<-round(fivenum(sids $ SID79), digits=2)
>cols<-topo.colors(4)
>plot(sids, col=cols[findInterval(sids $ SID79, brks, all.inside=TRUE)])
>plot(sids.nb, coordinates(sids), add=TRUE, col='blue')
>legend(x=-83.5, y=35.2,leglabs(brks), fill=cols, bty="n")
```

代码 3-10　局部自相关分析

```
## 执行 Local Moran 测试
>nc_MI<-localmoran(sids $ SID79, nb2listw(sids.nb))

## 转化结果数据格式
```

```
>nc_MI<-data.frame(nc_MI)
```

查看前 12 个结果

```
>nc_MI[c(1:12), ]
```

	Ii	E.Ii	Var.Ii	Z.Ii	Pr(z!=E(Ii))
0	0.44551	-0.0080158	0.25964	0.8900	0.37344
1	0.24506	-0.0032951	0.10724	0.7584	0.44821
2	0.04180	-0.0006388	0.01225	0.3835	0.70134
3	0.49539	-0.0046393	0.22853	1.0460	0.29557
4	0.06756	-0.0032951	0.07959	0.2511	0.80171
5	0.19177	-0.0012948	0.04223	0.9396	0.34744
6	0.41114	-0.0046393	0.15078	1.0708	0.28428
7	0.43040	-0.0046393	0.08859	1.4617	0.14383
8	0.12710	-0.0046393	0.08859	0.4426	0.65804
9	-0.32009	-0.0012948	0.03134	-1.8008	0.07173
10	0.13432	-0.0046393	0.11191	0.4154	0.67786
11	-0.24569	-0.0012948	0.02481	-1.5517	0.12073

执行 Local Moran 置换检验

```
>nc_perm<-localmoran_perm(sids$SID79, nb2listw(sids.nb), nsim=999)
```

查看前 12 个结果

```
>nc_perm[c(1:12), c(1:6)]
```

	Ii	E.Ii	Var.Ii	Z.Ii	Pr(z!=E(Ii))	Pr(z!=E(Ii))Sim
0	0.4455	0.018431	0.2456	0.862	0.3888	0.356
1	0.2451	0.000587	0.1089	0.741	0.4588	0.494
2	0.0418	0.000124	0.0124	0.375	0.7078	0.848
3	0.4954	-0.041121	0.2562	1.060	0.2892	0.118
4	0.0676	-0.007942	0.0797	0.267	0.7892	0.922
5	0.1918	-0.002101	0.0429	0.936	0.3492	0.294
6	0.4111	-0.001978	0.1596	1.034	0.3011	0.192
7	0.4304	0.011728	0.0839	1.445	0.1484	0.056
8	0.1271	0.001969	0.0883	0.421	0.6738	0.766
9	-0.3201	-0.006258	0.0322	-1.749	0.0803	0.128

| 10 0.1343 | -0.012243 | 0.1222 | 0.419 | 0.6750 | 0.788 |
| 11-0.2457 | -0.000289 | 0.0226 | -1.632 | 0.1026 | 0.130 |

寻找显著高和低 Z 得分的对象

```
>z_high<-which(nc_MI$Z.Ii>1.65)
>z_low<-which(nc_MI$Z.Ii<-1.65)
```

分别以绿色和红色填充 Z_i 的低值和高值区域

```
>cols_HL<-rep(rgb(1, 1, 1), 100)
>cols_HL[z_low]<-rgb(0, 0.8, 0)
>cols_HL[z_high]<-rgb(0.8, 0, 0)
>plot(sids, col=cols_HL)
```

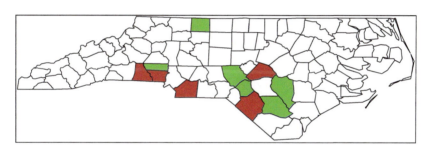

图 3-6   Moran's I_i 的分析结果

红色代表 Z_i>1.65，绿色代表 Z_i<-1.65

3.3   时空交互检验

前文主要是利用相关细分对单个随机变量在空间上分布情况的统计进行推断。有时候会遇到对时间变化和空间分布的交互关系进行测量，称之为时空交互检验（space-time interaction tests）。分析的主要目的是推断某个时空现象的发生时间在空间位置上是否存在着关联关系，其检验的基础也是基于类似相关分析的原理。图 3-7 展示了某个地区

32 个观测站点所记录的一次大气污染事件发生的时间情况。其中，蓝色代表污染发生的时间早，而红色代表污染发生的时间相对较晚。从图 3-7 中大致可以看出本次污染的发生是从西南往东北方向扩散的，即可能存在显著的时间和空间上的相关性。

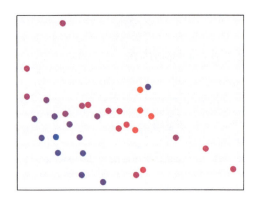

图 3-7 某次空气污染事件在 32 个观测站发生的时间

有一系列的统计检验方法可以完成上述分析任务，包括 Knox 检验、Jacquez's 检验等。这里介绍一个被其他领域广泛使用的方法——Mantel's 检验。针对上述类似的时空交互检验的问题，Mantel's 检验的假设可以表达成：H_0 事件发生的时间在不同位置上是随机的；H_1 在空间接近的位置上，事件发生的时间也趋向接近。Mantel's 检验的具体计算方法可以与 Pearson's r 类比，其主要考虑的是所有点位之间的空间距离矩阵 G 和时间距离矩阵 D 之间的相似性（或一致性，图 3-8），其统计量 Z_n 表达式为

$$Z_Z = \frac{\sum \sum (g_{ij} - \bar{G}) \times (d_{ij} - \bar{D})}{\mathrm{var}(G)^{1/2} \times \mathrm{var}(D)^{1/2}} \tag{3-13}$$

然而，仅计算出 Z_n 的值是无法给出直接的判断结论，还需要进行统计显著性的检验。由于在完全随机下的理论分布是未知的，这里采用置换检验来完成。置换检验的基本思路包括：对一个距离矩阵进行随机重排，得到新的矩阵，并计算上述的相关系数；重复这样的操作

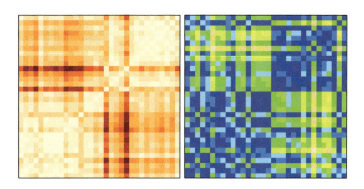

图 3-8　32 个站点的空间距离矩阵（左）与污染发生的时间距离矩阵（右）

n 次，得到一组 Z_n 的值；在这一组值中计算比样本 Z_n 大的值的个数 k，p 值可以近似计算为 k/n，从而决定是否拒绝前面所述的 H_0，并得到检验的结论。上述例子的具体分析操作和结果如代码 3-11 所示。

代码 3-11　Mantel's 检验分析

```
>library(vegan)

## 计算空间距离矩阵
>space.dist<-dist(cbind(xlon, ylat))

## 计算时间距离矩阵
>time.dist  <-dist(otime)

## 画图
>par(mfrow=c(1,2), mai=rep(0.05, 4))
>image(t(as.matrix(space.dist)), xaxt="n", yaxt="n")
>image(t(as.matrix(time.dist)), xaxt="n", yaxt="n", col=topo.colors
(12))

## 执行 Mantel's 检验
>set.seed(91827)
>mantel(space.dist,  time.dist,
```

```
+     method="pearson", permutations=999)
```

Mantel statistic based on Pearson's product-moment correlation
Call:
mantel(xdis = space.dist, ydis = time.dist, method = "pearson",
permutations=999)
Mantel statistic r: 0.1636
      Significance: 0.031

Upper quantiles of permutations (null model):
    90%   95%   97.5%   99%
    0.0992 0.1345 0.1720   0.2039
Permutation: free
Number of permutations: 999

在代码 3-11 中，随机置换的次数 permutations = 999，p 值近似为 0.031，即 999 次随机置换中，大约只有 30 次的相关性的计算结果比观测样本的计算结果大，这就可以认为观测样本与 H_0 是不相容的，即在空间上相邻的地点，该次污染事件发生的时间上也就越接近，也就是存在显著的时空相关性。该统计结论可以支持进一步的问题研究，如是否与污染源的位置和当时盛行的风向有关等。在这里，只解释如何利用 Mantel's 检验方法来检验时空相关性的统计问题。

3.4　小　　结

相关分析是最常用的基础分析方法，其原理和应用的场景也是非常清楚的。在面对具体问题应用的时候，要注意参数和非参数方法的选择使用。在经典相关分析上发展的全局空间自相关和局部空间相关分析是空间统计的基础，为判断随机变量的空间分布特征提供了定量的统计证据支持。虽然没有完全针对性的解决方法，但基于相关分析的思想也可以为时空依赖性的判断提供支持。

| 第 4 章 | 格 局 分 析

本章的主要内容是对一系列空间格局分析方法进行介绍。首先介绍两种常用的空间分布检验方法，包括联合计数（join-count）统计和与尺度有关的 lacunarity 分析，然后对空间点模式（point patterns）的基础理论和系列统计分析指标进行讲解，最后对常用的几种系统聚类和空间聚类方法进行对比介绍。

4.1 格 局 检 验

4.1.1 join-count 统计

作为全局空间自相关程度的测量，Moran's I 或者 Getis-Ord General G 等统计量主要的处理对象是数值型空间分布的变量。而对于分析二值型（binary）或者类别型（categorical）变量的全局自相关模式来说，join-count（有时也称黑白盒统计）统计方法则更为适用。假定某个空间变量是一个 1 和 0 二值型情况，抽象成黑色（B）和白色（W）两种取值情形，那么一个空间单元与一个邻居单元的联合取值（称为 join）的可能性有 3 种，即 BB（1-1）、BW（1-0）和 WW（0-0）。假设 P_B 代表黑色在整个区域的取值比例（即黑色单元的个数与总单元个数的比），那么上述三种 join 情况发生的概率为

$$\begin{cases} P_{BB} = P_B P_B = P_B^2 \\ P_{BW} = (1 - P_B)(1 - P_B) = (1 - P_B)^2 \\ P_{BW} = P_B(1 - P_B) + (1 - P_B) P_B = 2P_B(1 - P_B) \end{cases} \tag{4-1}$$

每一种 join 类型在随机分布下期望的计数（expected counts）为

$$\begin{cases} E[BB] = \dfrac{1}{2} \sum_i \sum_j W_{ij} P_B^2 \\[2mm] E[WW] = \dfrac{1}{2} \sum_i \sum_j W_{ij} (1 - P_B)^2 \\[2mm] E[BW] = \dfrac{1}{2} \sum_i \sum_j W_{ij} 2P_B(1 - P_B) \end{cases} \tag{4-2}$$

式中，$1/2 \sum_i \sum_j W_{ij}$ 是所有类型 join 的总数，W_{ij} 为二值型的连接权重，常用的邻居空间连接方式包括边连接（rook）、角连接（bishop）和边角连接（queen）三种。对于取值为 1（对应 black）和 0（对应 white）的研究样本来说，每种类型 join 的观测的计数（observed counts）可以由下面的表达式进行估算：

$$\begin{cases} BB = \dfrac{1}{2} \sum_i \sum_j W_{ij} y_i y_j \\[2mm] WW = \dfrac{1}{2} \sum_i \sum_j W_{ij}(1 - y_i)(1 - y_j) \\[2mm] BW = \dfrac{1}{2} \sum_i \sum_j W_{ij} (y_i - y_j)^2 \end{cases} \tag{4-3}$$

已知样本的观测计数和随机分布下的期望计数，就可以利用 Z 检验来判断某种类型 join 的分布相比随机分布的特征（包括离散和聚集）。Z 检验的表达形式与显著性判断方式与前面讲到的 Moran's I 是类似的。例如，对于 BW 类型的 join 来说，其 Z 检验的统计量为

$$Z(BW) = \frac{BW - E(BW)}{\sqrt{\sigma_{BW}^2}} \tag{4-4}$$

式中，σ_{BW}^2 为随机分布下的总体的方差，与 Moran's I 同样，其表达形式也比较复杂，感兴趣的可以参考相关资料。这里需要说明的是对应

的显著性检验结果的解释。对于同色的 join 来说（包括 BB 与 WW），如果观测的计数显著高于随机下的期望计数（对应 $Z > 1.65$），则同色是正的空间自相关，即同色是聚集的；如果观测的计数显著低于随机下的期望计数（对应 $Z < -1.65$），则同色是负的空间自相关，即同色是离散的；如果观测的计数与随机下的期望计数无差异（对应 $-1.65 \leq Z \leq 1.65$），则是空间随机分布的。此外，如果异色是正的空间自相关，则意味着某种同色空间是离散分布的，如果异色是负的空间自相关，则意味着某种同色空间是聚集分布的。

图 4-1 展示的是关于哥伦布（Columbus）的 49 个街区在 1980 年入室盗窃和偷车每千户发案率 CRIME 变量空间分布的情况，在这里进行了 CRIME 高低二值型的处理。join-count 统计的结果显示（代码 4-1），高值区域存在显著的空间聚集情况（$Z = 6.16$）。此外，运行结果中的 Jtot 是给出了所有颜色联合的计数统计值，在这里与 high：low 类别的结果是一样的。

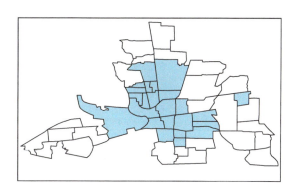

图 4-1　CRIME 变量在哥伦布的空间分布

青色为高值区，白色为低值区

代码 4-1　两种颜色的 join-count 分析

```
>library(maptools)
>library(rgdal)
>library(spdep)
```

读入数据
```
>colu<-readOGR(system.file("shapes/columbus.shp", package="spData")
[1])
```

计算邻居单元
```
>colu.nb<-poly2nb(colu)
```

二色画图
```
>cols<-c("white", "black")
>plot(colu, col=cols[findInterval(colu$CRIME, c(0,35,80),
+ all.inside=TRUE)])
```

两个颜色检验
```
>HICRIME_BW<-cut(colu$CRIME, breaks=c(0,35,80), labels=c("low","
high"))
>joincount.multi(HICRIME_BW, nb2listw(colu.nb, style="B"))
```

	Joincount	Expected	Variance	z-value
low:low	35.000	30.102	19.247	1.1164
high:high	54.000	27.694	18.219	6.1630
high:low	29.000	60.204	26.630	-6.0468
Jtot	29.000	60.204	26.630	-6.0468

join-count 统计同样也可以进行多种类别值分布情况的分析处理，称为 k-coloured join-count 检验。图 4-2 展示的是 3 种颜色（对应变量的高值、中值和低值）空间分布时的检验情况。3 种颜色会出现 6 种 join 类型，四种颜色则会出现 10 种 join 类型。但当 join 的类型太多的时候，分析结果就会很难有清晰的解释。因此，在实际问题的应用中，一般情况下应用该方法的颜色类型（即变量的取值类别）最好不要超过 3 种。代码 4-2 是对 3 种颜色的分析结果，结果的具体含义可以参考前面的内容进行解释。

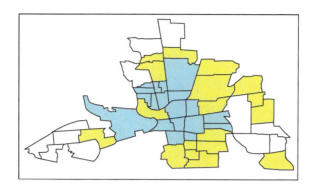

图4-2　CRIME变量在哥伦布的空间分布

青色为高值区，黄色为中值区，白色为低值区

代码4-2　三种颜色的join-count分析

```
## 三色画图
>cols<-c("white", "yellow", "black")
>plot(colu, col=cols[findInterval(colu$CRIME, c(0,20,40,80),
+   all.inside=TRUE)])


## 三个颜色分组与检验
>HICRIME_KC<-cut(colu$CRIME,c(0,20,40,80),labels=
+   c("low","medium","high"))
>joincount.multi(HICRIME_KC, nb2listw(colu.nb, style="B"))
```

	Joincount	Expected	Variance	z-value
low:low	12.0000	6.6224	5.4893	2.2952
medium:medium	18.0000	15.3520	11.5927	0.7777
high:high	37.0000	17.1582	12.7065	5.5663
medium:low	17.0000	21.6735	15.5988	-1.1833
high:low	5.0000	22.8776	16.2539	-4.4343
high:medium	29.0000	34.3163	21.5374	-1.1456
Jtot	51.0000	78.8673	23.5658	-5.7406

4.1.2　lacunarity 分析

　　lacunarity 与 gap 或者 pool 的意思相近，在空间形态分析（morphological analysis）方面，lacunarity 有着不同角度阐述的不同含义。一般来说，lacunarity 多用于表达空间分布之间的 gap 以及局部之间的异质性。按照 Plotnick 等（1996）的说法，针对某种空间现象的分布，lacunarity 分析可供如下方面的测量：扩散的程度、自相似结构的出现、尺度依赖的随机性以及结构的层次性等。从这些描述中也可以看出 lacunarity 定义的多样性。在空间分析中，lacunarity 主要用于测量二值或者二分类栅格类型变量空间分布的随机性。这里介绍的 lacunarity 分析是一种面向随机闭集（random closed sets）的经验估计方法，其基本思路是利用滑动盒子（gliding box）扫描目标研究区域（可以是 1D、2D 或者 3D 的情形），并计算经验性质的 lacunarity 值，然后通过分析 lacunarity 统计量随着滑动盒子尺寸大小的变化情况，得出研究区某种地理现象的空间分布随着观测尺度变化的特征，因此也被称为盒子计数（box counting）lacunarity。

　　经验的滑动盒子 lacunarity 的一般分析步骤包括：令滑动盒子的尺寸为 r，代表观测的尺度，盒子的每一次滑动对应的计数为 s；类似于直方图的生成，在尺度为 r 的情况下，所有的滑动产生一个计数序列 $n(s, r)$；经验型 lacunarity 值的大小定义为 $n(s, r)$ 的估计方差与均值平方之比，为了结果展现的方便，通常会加 1；相同的 r 下，整体空间分布程度越稀疏（即局部聚集），那么计数序列的方差就会越大，而 lacunarity 值就越大；增加 r 时，整体分布的稀疏程度会减小，lacunarity 值就会减小，并趋向机制 1（此时方差为 0）。以上就是经验 lacunarity 分析的基本原理，同时也意味着 lacunarity 分析的结论是与观测尺度相关的。lacunarity 无法进行基于分布的显著性检验。通常的做法是与对应的随机分布模式下的 lacunarity 值进行对比，从而得到最后的分布判断结果。

图 4-3 展示的是关于某种石楠属植物空间分布的调查结果。调查数据记录了 10m×20m 样方上每间隔 0.1m 大小格子内该植物有无的情况。利用上述的经验型 lacunarity 分析来获取不同尺度下植物空间分布的模式。为了对结果进行对比，生成了一个相同大小的空间随机分布数据，并对这两个数据分别进行了 46 次滑动计数测量，盒子大小以 0.2m 的幅度增加（代码4-3）。从图 4-4 中可以看出，与空间随机分布相比，该石楠属植物空间整体分布呈现明显的聚集模式，但与随机分布的差异随着观测尺度的增加而减小。当然，随着观测尺度增大而呈现（或逐渐呈现）聚集分布的规律是普遍存在的。

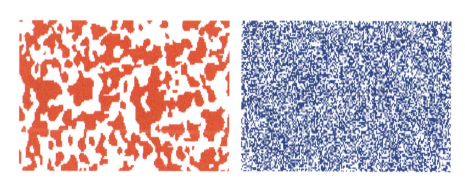

图 4-3　观测的（左）和模拟的（右）植物空间分布

有颜色代表出现植物

代码 4-3　lacunarity 分析

```
>library(lacunaritycovariance)

## 准备数据
>ob_im<-as.im(heather$coarse, na.replace=0)

## 生成对应的随机分布
## 设置固定的随机数种子
>set.seed(91827)
>m<-dim(ob_im)[1]
```

```
>n<-dim(ob_im)[2]
>rd_im<-ob_im
>v<-rep(0, m* n)
>k<-sample(1:(m* n), sum(ob_im), replace=FALSE)
>v[k]<-1
>rd_im$v<-matrix(v, m, n)
```

画图

```
>par(mfrow=c(1,2), mar=c(1,1,1,1))
>image((ob_im$v), col=c('white', 'red'), axes=FALSE, main=NULL)
>image((rd_im$v), col=c('white', 'blue'), axes=FALSE, main=NULL)
```

设定盒子大小

```
g_box<-seq(0.2, 16, by=0.2)
```

计算经验型 lacunarity

```
>gblest_o<-gblemp(g_box, ob_im)
>gblest_r<-gblemp(g_box, rd_im)
```

结果画图

```
>s<-which(is.na(gblest_r$GBL))[1]-1
>x<-log(g_box[1:s])
>y<-log(gblest_o$GBL[1:s])
>yr<-log(gblest_r$GBL[1:s])
>par(mfrow=c(1,1), mar=c(4.2,4.2,1,1))
>plot(y~x, type="o", col='red',lwd=2, xlab="Log(box size)",
+ylab="Log(lacunarity)")
>lines(yr~x, col='blue',lwd=2)
>points(yr~x, col='blue', type='o')
>text(1.6, 0.40, "simulated", col='blue')
>text(1.6, 0.45, "observed", col='red')
>abline(v=1)
```

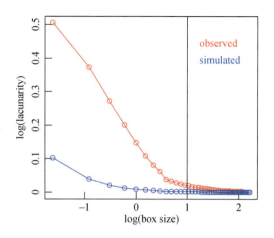

图 4-4　观测和模拟数据的 lacunarity 分析结果

盒子大小和计算结果都取对数

4.2　点模式分析

4.2.1　完全空间随机性

　　点模式是指一系列点在给定区域内的空间分布情况与规律性（图 4-5）。点的分布是由特定的空间过程（主要包括随机和确定两大类型）所产生的结果。研究点模式的一个核心问题就是判断这些点在空间的分布是否是随机的，分析的结果可以为影响分布的形成因素的推断提供证据支持。

　　点模式分析是有严格的理论基础的，称为完全空间随机性（complete spatial randomness，CSR）。研究 CSR 的主要目的是获得点在空间随机分布下的概率密度函数，并以此来作为点分布模式检验和推断的定量依据。在 CSR 的假设条件下，点的出现位置是随机的，并且点与点之间是独立的，对于一个面积为 $a(S)$ 的区域 S，以及其中的

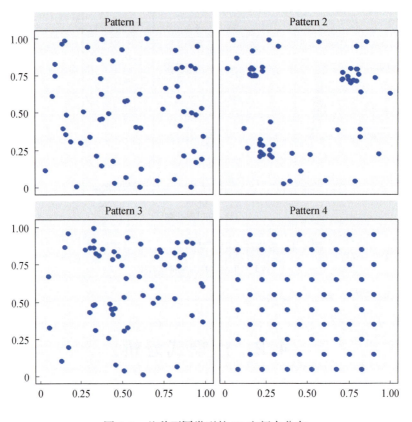

图 4-5　几种不同类型的 2D 空间点分布

一个面积为 $a(C)$ 的子区域 C，在 S 中有 n 个随机分布的点，如果 $N(C)$ 表示落在 C 内的点个数，根据拉普拉斯（Laplace）原理，这是一个可加的概率，即 $N(C)$ 在随机下的期望为

$$E[N(C)] = \sum_{i=1}^{n} P_i(C \mid S) \cdot 1 = n\frac{a(C)}{a(S)} \tag{4-5}$$

这是一个满足二项分布的独立试验序列概型，即某件事情发生概率为 p，那么在 n 次独立试验中，该事件发生 k 次的概率为

$$P(X=k) = C_n^k p^k (1-p)^{n-k} \tag{4-6}$$

据此，可以计算落在子区域 C 中点个数为 k 的概率为

$$P\{X=k\} = C_n^k \left[\frac{a(C)}{a(S)}\right]^k \left[1-\frac{a(C)}{a(S)}\right]^{n-k} \tag{4-7}$$

如果令 $\lambda = \dfrac{n}{a\,(S)}$，当 $n \to \infty$，$a\,(S) \to \infty$ 时，有如下的 Poisson（泊松）近似形式：

$$P[\,N(C)=k\,] = \frac{[\,\lambda \times a(C)\,]^{k}}{k!}e^{-\lambda \times a(C)} \tag{4-8}$$

式（4-8）给出了 S 区域内 n 个随机的点落在子区域 C 内个数为 k 的概率密度函数形式，即在完全空间随机性的假设条件下，子区域内点的个数概率密度分布满足 Poisson 分布。Poisson 分布的期望和方差的样本估计值是一样的，即

$$E[\,N(C)\,] = \mathrm{Var}[\,N(C)\,] = \lambda \times a(C) \tag{4-9}$$

理论上来说，有了具体的理论分布形式，可以根据式（4-9）进行点空间分布的检验。具体的是对研究区域采用样方（Quadrat）分割（图 4-5 中的格网），然后获得计数序列，利用 Pearson's chi-squared 检验（见 2.3.6 节）就可以完成，称之为基于密度的 CSR 检验，也就是判断观测的计数值与期望的 Poisson 分布的值是否一致。然而，这样的检验面临一个主要问题，那就是分割样方大小的选择可能会带来不同的检验结果，因此在实际中很少应用。

在空间点分布中，有一个随机变量是不随着观测尺度的改变而改变的，那就是一个点与其最近点的距离变量 D，基于 D 可以完成对是否满足空间完全随机分布的检验，称之为基于距离的 CSR 检验。假定一个给定点到它的邻近点的距离为 d，那么有对于以该点为圆心，半径为 $D<d$ 的所有区域，除去原点之外点的期望个数 $k=0$，联合式（4-8），可以得到：

$$P\{D<d\} = P\{N[\,a(C_d)\,]=k=0\} = \mathrm{e}^{-\lambda a(C_d)} = \mathrm{e}^{-\lambda \pi d^2} \tag{4-10}$$

根据概率密度函数和分布函数之间的关系：

$$P\{D<d\} = F(d) = 1 - P\{D \geqslant d\} \tag{4-11}$$

可以得到关于 d 在 CSR 假设条件下的概率密度函数：

$$P\{D=d\} = p(d) = F'(d) = 2\pi\lambda d \cdot \mathrm{e}^{-\pi\lambda d^2} \tag{4-12}$$

式（4-12）表明，点与其最近邻居之间的距离在完全空间随机分布下

满足 Rayleigh（瑞利）分布，其累积分布函数在点模式分析中被称为 G 函数，即

$$G(d) = 1 - e^{-\lambda \pi d^2} \qquad (4\text{-}13)$$

式（4-13）的 Rayleigh 分布的期望和方差分别为

$$E(D) = \frac{1}{2\sqrt{\lambda}}, \mathrm{Var}(D) = \frac{4-\pi}{4\pi\lambda} \qquad (4\text{-}14)$$

对于给定的一个区域的点分布来说，根据 Rayleigh 分布的期望和方差可以通过与 Moran's I 相似的 Z 统计方式来完成是否完全随机分布的参数检验，这里就不详细论述了。下面结合具体实例看一下如何通过 G 函数来分析点的分布模式。需要额外指出的是，在点模式分析中，研究区域的范围是有限的，因此称为边界效应。在统计数量和计算距离的时候通常需要对边界部分进行校正处理，以减少估计的误差，具体的可以参考相关资料，这里就不详细讨论了。

图 4-6 展示了三种不同类型的空间点分布。左上角的图是显微镜观测下 42 个细胞在微观空间的分布，右上角的图是新西兰某森林里的 86 棵树在 140ft[①]×85ft 的样地上的分布，下面的图是 171 个星巴克门店

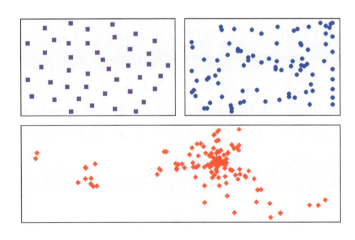

图 4-6　三种不同类型的点分布实例

---

① 　1ft＝0.3048m。

在美国马萨诸塞州的空间分布情况。其中，细胞的空间分布是近似均匀的（uniform 或者 regular），新西兰树的空间分布是接近随机的（random），而星巴克的空间分布是明显聚集的（clustered）。

代码 4-4 展示了利用上述 G 函数对三种不同类型的点分布的分析，结果如图 4-7 所示。通过对比观测数据估算的 G 的曲线和完全随机分布下曲线之间的偏离程度，就可以得出整体点空间分布的特征。

代码 4-4 点模式的 G 函数分析

```
>library(ggplot2)
>library(tidyverse)
>library(spatstat)
>library(patchwork)
```

执行 G 函数分析与绘图
```
>cells_G<-Gest(cells)
>cells_G<-filter(cells_G, rs<1)
## 绘图
>p1=ggplot(cells_G, aes(x=r))+
+  geom_line(aes(y=rs), color='blueviolet', size=0.8)+
+  geom_line(aes(y=theo), color='blueviolet', size=0.8, linetype=
+  'dashed')+
+  labs(x="d", y="Estimated G")+
+  theme(legend.position="none")


>nztrees_G<-Gest(nztrees)
>nztrees_G<-filter(nztrees_G, rs<1)
## 绘图
>p2=ggplot(nztrees_G, aes(x=r))+
+  geom_line(aes(y=rs), color='blue', size=0.8)+
+  geom_line(aes(y=theo), color='blue', size=0.8, linetype=
+  'dashed')+
+  labs(x="d", y="Estimated G")+
+  theme(legend.position="none")
```

```
>starbucks_G<-Gest(starbucks)
>starbucks_G<-filter(starbucks_G, rs<1)
## 绘图
>p3=ggplot(starbucks_G, aes(x=r))+
+   geom_line(aes(y=rs), color=' red' , size=0.8)+
+   geom_line(aes(y=theo), color=' red' , size=0.8, linetype=
+   ' dashed' )+
+   labs(x="d", y="Estimated G")+
+   theme(legend.position="none")

## 拼接显示
>(p1 |p2) / p3
```

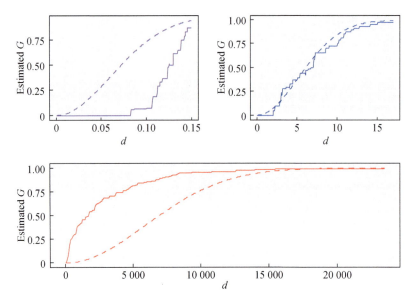

图 4-7　三种不同类型的点分布的 G 函数分析结果

实线为数据的计算结果，虚线为对应的 Poisson 理论分布结果

从图 4-7 中可以看出，随机分布的观测 G 值和理论值的趋势非常接近。而均匀分布的 G 值则明显小于随机分布下的对应值，聚集分布

的 G 值则明显大于随机分布下的对应值。此外，在 G 函数的基础上，还发展出 J 函数，其定义为

$$J(d) = \frac{1-G(d)}{1-F(d)} \tag{4-15}$$

式中，F 函数是概率论中用于描述随机点过程的分布函数，在这里不去探讨它的具体意义。J 函数实际上就是将 G 函数与 F 函数对比来刻画点分布特征。一般的判断依据是：在完全随机分布的情况下，J 函数的值接近于 1，即 G 函数的值与 F 函数的值是接近的；在 J 函数的值小于 1 的情况下，点分布倾向于空间聚集；在 J 函数的值大于 1 的情况下，点分布倾向于空间均匀。具体的区别可以从下面三种不同分布情况的 J 函数分析结果中看出（图4-8 和代码4-5）。

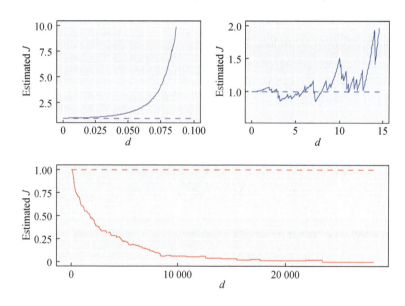

图4-8　三种不同类型的点分布的 J 函数分析结果

实线为数据的计算结果，虚线为对应的 Poisson 理论分布结果

代码4-5　点模式的 J 函数分析

执行 J 函数分析与绘图

```
>cells_J<-Jest(cells)
>p1=ggplot(cells_J, aes(x=r))+
+   geom_line(aes(y=rs), color='blueviolet', size=0.8)+
+   geom_line(aes(y=theo), color='blueviolet', size=0.8, linetype=
+   'dashed')+
+   labs(x="d", y="Estimated J")+
+   ylim(1, 10)+xlim(0, 0.1)+
+   theme(legend.position="none")


>nztrees_J<-Jest(nztrees)
>p2=ggplot(nztrees_J, aes(x=r))+
+   geom_line(aes(y=rs), color='blue', size=0.8)+
+   geom_line(aes(y=theo), color='blue', size=0.8, linetype=
+   'dashed')+
+   labs(x="d", y="Estimated J")+
+   ylim(0.6, 2.0)+xlim(0, 15)+
+   theme(legend.position="none")


>starbucks_J<-Jest(starbucks)
>p3=ggplot(starbucks_J, aes(x=r))+
+   geom_line(aes(y=rs), color='red', size=0.8)+
+   geom_line(aes(y=theo), color='red', size=0.8, linetype=
+   'dashed')+
+   labs(x="d", y="Estimated J")+
+   theme(legend.position="none")

## 拼接显示
>(p1 |p2) / p3
```

4.2.2   *K* 函数和 *L* 函数

前文介绍的是关于点模式检验的参数分析方法，在这些方法中，一个重要的现象被忽视了, 那就是尺度效应。考虑空间点分布模式随着观测尺度 h 的变化情况, 称为点模式的二阶分析 (second order analysis), 也称多距离空间聚类分析 (multi-distance spatial cluster analysis)。在有关这方面的分析中, 用到的方法都为非参数检验方法, 其中最常用的是 K (也称 Ripley's K) 函数。在一个区域内有两个全等的子区域, 如果落在这两个子区域内的点个数的期望是相同的, 称为平稳的 (stationary) 点过程。对于平稳的点过程来说, K 函数的定义为

$$K(h) = \frac{1}{\lambda} E(\text{对于给定点,距离在 } h \text{ 以内其他点的数量}) \quad (4\text{-}16)$$

式中, 除以全局平均密度 λ 是为了消除具体点密度数值影响, 从而可以只考虑随距离尺度 h 的相对变化, 即分布模式的判断与区域内具体的点个数无关, 只与相对分布的 "均匀" 程度有关。根据式 (4-16), 在完全空间随机分布下, $K(h)$ 的期望为 πh^2。$K(h)$ 的样本估计值 $\hat{K}(h)$ 是以 h 为距离阈值进行成对点计数来获取的, 即

$$\hat{K}(h) = \frac{1}{\hat{\lambda}} \left[\frac{1}{n-1} \sum_{i=1}^{n} \left(\sum_{j=1, j \neq i}^{n} I_h(d_{ij}) \right) \right] \quad (4\text{-}17)$$

$$I_h(d_{ij}) = \begin{cases} 1 & d_{ij} \leq h \\ 0 & d_{ij} > h \end{cases} \quad (4\text{-}18)$$

此外, 实际估计中也存在边界效应需要校正的问题, 采用的策略也比较简单。通过对比 K 函数的随机期望和观测估计值, 可以有以下判断或者结论: 当 $\hat{K}(h) > \pi h^2$ 时, 研究区域的总体点分布在尺度 h 下呈现聚集; 当 $\hat{K}(h) < \pi h^2$ 时, 研究区域的总体点分布在尺度 h 下呈现均一; 当 $\hat{K}(h) \approx \pi h^2$ 时, 研究区域的总体点分布在尺度 h 下可以认为是接近随机的。有时为了更加直观地比较, 将 K 函数转换成 L 函数, 这个时候 L 函数只需要和 0 比较就可以了, L 函数的样本估计值为

$$\hat{L}(h) = \sqrt{\hat{K}(h)/\pi} - 1 \quad (4\text{-}19)$$

与 G 函数和 J 函数类似, K 函数与 L 函数的结果也通常与对应的

完全随机分布的结果相对比，进而获取对不同观测尺度下点空间分布的模式特征判断。继续以前文的三种不同点分布数据为例，L 函数的分析代码和对应的结果如代码 4-6 和图 4-9 所示。

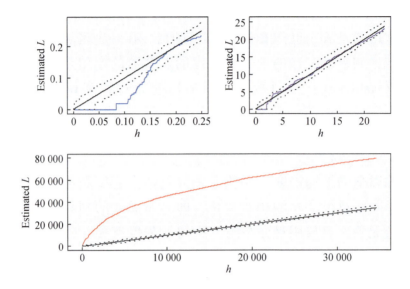

图 4-9　三种不同类型的点分布的 L 函数分析结果

代码 4-6　点模式的 L 函数分析

执行 L 函数分析与绘图

```
>set.seed(91827)

>cells_L<-envelope(cells, fun=Lest,nsim=99)
>p1=ggplot(cells_L, aes(x=r))+
+   geom_line(aes(y=obs), color='blue', size=0.8)+
+   geom_line(aes(y=theo), color='black', size=0.8)+
+   geom_line(aes(y=lo), color='black', size=0.8, linetype='dotted')+
+   geom_line(aes(y=hi), color='black', size=0.8, linetype='dotted')+
+   labs(x="h", y="Estimated L")+
+   theme(legend.position="none")
```

```
>nztrees_L<-envelope(nztrees, fun=Lest, nsim=99)
>p2=ggplot(nztrees_L, aes(x=r))+
+   geom_line(aes(y=obs), color='blueviolet', size=0.8)+
+   geom_line(aes(y=theo), color='black', size=0.8)+
+   geom_line(aes(y=lo), color='black', size=0.8, linetype='dotted')+
+   geom_line(aes(y=hi), color='black', size=0.8, linetype='dotted')+
+   labs(x="h", y="Estimated L")+
+   theme(legend.position="none")

>starbucks_L<-envelope(starbucks, fun=Lest,nsim=99)
>p3=ggplot(starbucks_L, aes(x=r))+
+   geom_line(aes(y=obs), color='red', size=0.8)+
+   geom_line(aes(y=theo), color='black', size=0.8)+
+   geom_line(aes(y=lo), color='black', size=0.8, linetype='dotted')+
+   geom_line(aes(y=hi), color='black', size=0.8, linetype='dotted')+
+   labs(x="h", y="Estimated L")+
+   theme(legend.position="none")

## 拼接显示
>(p1 |p2) / p3
```

在图 4-9 中，彩色的线为数据的计算结果，黑色直线为随机分布的理论结果值，对于 L 函数来说，显然是 $1:1$ 的线，虚线为模拟的随机分布情况下的上下边界。从图 4-9 中可以明显看出三种点分布模式在 L 函数分析结果上的区别。此外，K 函数和 L 函数还有对应的局部版本，但基本的原理是一样的，就如前文所讲到的 Moran's I 与 Local Moran's I_i。代码 4-7 展示了上述三个例子数据的 Local L 函数的计算和结果绘制（图 4-10），三种不同分布模式的差异性是非常清楚的。

代码 4-7 点模式的 Local L 函数绘图

##执行 Local L 函数绘图

```
>layout(matrix(c(1, 2, 3, 3), 2, 2,byrow=TRUE),c(1), c(1))

>par(mar=c(4.0, 4.5, 0.2, 0.2))
>plot(localL(cells), main=NULL, legend=FALSE)

>par(mar=c(4.0, 4.5, 0.2, 0.2))
>plot(localL(nztrees), main=NULL, legend=FALSE)

>par(mar=c(4.0, 4.5, 0.5, 0.2))
>plot(localL(starbucks),main=NULL, legend=FALSE)
```

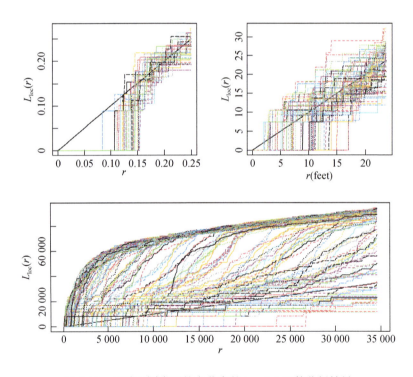

图 4-10　三种不同类型的点分布的 Local L 函数分析结果

4.2.3　点模式的协变量效应

在4.2.1节的例子中，星巴克门店分布无论在哪个观测尺度上都呈现出明显的空间聚集分布模式。这样的结果也很好理解，那就是考虑到销售等因素，星巴克门店基本上是开在人群密集的地方，而人群是以城市为中心呈现聚集分布的（图4-11），此时，人群分布的密度就构成了星巴克门店空间分布的协变量。

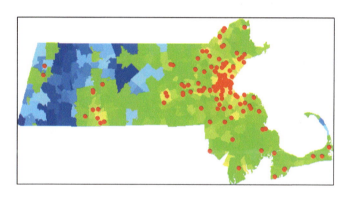

图4-11　星巴克门店与人口密度的空间分布

红色点是星巴克门店位置，黄色代表人口密度高，蓝色代表人口密度低

如何对人群分布的密度和点分布模式之间的关联强度进行定量分析，就需要用到类似回归建模一类的分析方法。点模式是以泊松分布为基础的，是一个典型的计数过程，因此回归拟合的方式以泊松回归为主，定量关系表达为指数函数。泊松回归的具体内容将在第5章详细讲解，这里只展示对应的建模和结果（代码4-8）。

代码**4-8**　点过程的协变量建模

```
>library(spatstat)
```

泊松过程建模

区域均质和平稳过程的空模型

```
>PM0<-ppm(y_sta~1)
>PM0
Stationary Poisson process
Intensity: 0.004583629
```

	Estimate	S.E.	CI95.lo	CI95.hi	Ztest	Zval
log(lambda)	-5.385264	0.07647191	-5.535146	-5.235382	* * *	-70.42147

区域异质和非平稳过程的协变量模型

```
>PM1<-ppm(y_sta~x_pop)
>PM1
Nonstationary Poisson process
```

```
Log intensity:   ~x_pop
```

```
Fitted trend coefficients:
(Intercept)     x_pop
-13.380761    1.231207
```

	Estimate	S.E.	CI95.lo	CI95.hi	Ztest	Zval
(Intercept)	-13.380761	0.47393184	-14.309650	-12.45187	* * *	-28.23351
x_pop	1.231207	0.05706877	1.119354	1.34306	* * *	21.57409

模型比较的似然比检验

```
>anova(PM0, PM1, test="LRT")
Analysis of Deviance Table
```

```
Model 1: ~1      Poisson
Model 2: ~x_pop          Poisson
Npar Df Deviance  Pr(>Chi)
1  498
2  499  1   492.28<2.2e-16 * * *
---
Signif. codes:  0 ' * * * ' 0.001 ' * * ' 0.01 ' * ' 0.05 '.' 0.1 ' ' 1
```

在代码4-8的结果中，空模型（null model）PM0是对区域平均点密度$\bar{\lambda}$的拟合，拟合结果可以写作：

$$\bar{\lambda} = e^{-5.385} \tag{4-20}$$

PM1模型评估的是局部点密度$\bar{\lambda}_i$对局部人口数量pop_i（这里i代表位置）的定量响应关系，结果可以表达为

$$\bar{\lambda}_i = e^{-13.38+1.23\times pop_i} \tag{4-21}$$

此外，基于似然比检验的方差分析结果表明，人口密度的差异可以显著地解释星巴克门店空间分布密度的变异性（$p<0.001$）。

4.3　聚 类 分 析

4.3.1　系统聚类

在统计上，聚类分析（clustering analysis）是对目标对象或者对象的属性进行分类的一种多元统计方法，这里的"类"是指相似的对象元素或者属性的集合。通过聚类分析，可以将地理空间上或者属性上相近的对象识别成相同的类，进而可以帮助分析对象分布的模式。适用于聚类分析的方法有很多，并且在不断发展中，常见的有系统聚类法、动态聚类法、最优分割法、模糊聚类法等。其中，系统聚类法是最基础的被广泛使用的方法，其采用的是距离或者相似度来作为测量指标，首先将每个对象看成一类，根据距离或相似度合并最相似的两类，并重新计算类与其他类距离，然后重复合并过程，直到所有对象都归为一类，最后形成层次化的谱系图（dendrogram）。

一个理想的聚类结果应该是具有高度的类内（intra-class）相似性而低的类间（inter-class）相似性。当然，聚类结果的"好坏"主要取决于两个方面，一个是测量指标的选择，另一个是聚类方法的选择。针对数据类型以及目的的差异性，广义的距离或者相似度的定量计算

方法有很多，不同的聚类方法也适用于不同的场景。因此，要根据具体问题进行比较选择。

聚类分析根据目标分类对象的不同可以分为 R 型聚类和 Q 型聚类。R 型是对指标或者变量进行的聚类，而 Q 型是对样本或者对象进行的聚类。R 型聚类的主要目的是了解指标之间的远近关系以及它们的组合方式对于对象的作用。Q 型聚类的主要目的是对样本或者对象之间亲疏关系的分布模式进行提取。现在有一个数据集（代码 4-9）包含了 10 个流域（行记录）的 7 个不同属性（列记录），对 10 个流域进行聚类就是 Q 型的，而对 7 个属性进行聚类就是 R 型的，对应的聚类谱系结果如图 4-12 所示。

代码 4-9　系统聚类分析

```
>data.frame(hdata)
      AREA   WATER   PREC    POP     GDP     INVEST   GREEN
NwR   1.795  -0.438  -1.427  -0.836  -0.941  -0.723   -0.220
SwR   -0.574 0.979   0.116   -0.985  -1.014  -1.084   -0.147
SoR   0.287  -0.442  -0.649  -0.536  -0.643  -0.457   0.771
LiR   -0.708 -0.739  -0.512  -0.607  -0.578  -0.743   -0.638
HuR   -0.685 -0.614  0.171   0.355   0.540   0.647    -1.017
YeR   0.020  -0.674  -0.748  -0.225  -0.285  0.143    0.012
SeR   -0.897 -0.193  1.710   -0.364  -0.210  -0.411   -0.644
PeR   -0.273 0.676   1.463   0.481   0.467   -0.471   0.241
YaR   1.739  2.262   0.489   2.464   2.370   2.223    2.413
HaR   -0.702 -0.817  -0.614  0.253   0.294   0.877    -0.772
## 流域聚类-Q 型
>clus_q<-hclust(dist(hdata, method="euclidean"))

## 指标聚类-R 型
>clus_r<-hclust(dist(t(hdata), method="euclidean"))

## 画聚类谱系图
>library(ggplot2)
```

```
>library(ggdendro)
>library(patchwork)
>p1=ggdendrogram(clus_q, rotate=FALSE)+
+    labs(title="Dendrogram for Q-cluster")+
+    theme(plot.title=element_text(size=10, color="black",
+hjust=0.5))

>p2=ggdendrogram(clus_r, rotate=FALSE)+
+    labs(title="Dendrogram for R-cluster")+
+    theme(plot.title=element_text(size=10, color="black",
+hjust=0.5))

>p1+p2
```

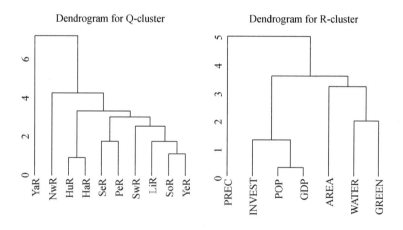

图4-12　Q型和R型的系统聚类结果

4.3.2　*k*-means

在众多聚类方法中，*k*-means 聚类是一种典型的无监督聚类方法。这意味着该方法不需要训练样本，可以根据定义的距离测量，将 *n* 个观测对象分割成事先指定的 *k* 个类别，并且聚类分割的结果满足每一个对象与最终所属类别里所有对象的平均中心（means，也就是每一类里所有对象的均值作为类的中心）最近，这也是该方法名称的由来。k-means 算法可以用于多维属性数据空间的分割，也可以用于地理空间上的对象聚类。特别需要注意的是，k-means 算法本质上与沃罗诺伊（Voronoi）多边形是相同的，只是前者的中心点需要迭代寻找，后者是事先已知的。因此，k-means 算法的分类结果是将空间分割成 Voronoi cells，即凸分割（convex partition），这也就意味着该算法无法解决非凸分割的问题。

    k-means 算法的基本过程是：设随机 k 个 means（即 k 个类的中心），根据距离最近的原则，将对象集合进行分割；根据分割结果重新计算每个类的中心 means，重复上两步的操作，直到结果收敛为止。k-means算法的特点不保证最优化，并且有时候会出现结果不收敛的情况，同时 k 也需要实现指定，虽然有算法可以产生优化的 k，但在大多数情况下，仍然需要根据具体的问题特点来确定。k-means 计算过程比较简单明了，代码 4-10 和图 4-13 展示了对美国 3017 个县的重心点进行 $k=8$ 的聚类操作和结果。从图 4-13 中可以看出，凸分割的特征十分显著。此外，代码中参数 nstart = 25 的含义为起始的 k 个中心随机配置 25 次，从中选择最优化的进行后续计算。

代码 4-10 k-means 聚类

```
>library(ggplot2)
>library(spdep)
>data(elect80)
>
## 准备数据 3017 个县的中心
>county<-coordinates(elect80)
>colnames(county)<-c("X", "Y")

## k =8 聚类
```

```
>km<-kmeans(county, centers=8, nstart=25)
```

画图
```
>par(mai=rep(0.05, 4))
>plot(county, asp=1,pch=20, cex=0.8, col=km$cluster, xaxt="n",
+yaxt="n")
>points(km$centers,pch=13, cex=3)
```

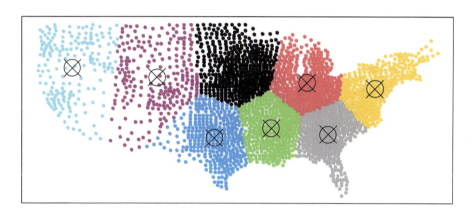

图4-13 $k=8$ 时 3017 个重心点空间分布聚类的结果

显然，聚类的结果直接取决于 k 的设定。也有一些方法被用来辅助产生可能优化的 k，如常见的 average silhouette width、gap statistics 等。其中，Hartigan's rule 是一个基于类内平方和（sum of squares，SS，也就是每一个点到类中心的距离平方和）判断的经验性指标方法，对于待聚类的 n 个对象与 k 个类别的设定来说，如果式（4-22）成立，那么在 k 基础上再增加 1 个类别数目就可以认为是合理的，该判断计算的表达式为

$$(SS_k/SS_{k+1}-1)\times(n-k-1)>10 \qquad (4-22)$$

代码 4-11 展示的是 Hartigan's rule 的计算过程，同时也利用 factoextra 包提供的 fviz_nbclust 函数来实现根据 gap statistics 的优化 k 的判断。计算结果如图 4-14 和图 4-15 所示。

代码 4-11 **Hartigan's rule** 与 *k*-means

```
>n<-nrow(county)
## k =1 时 SS
>WithinSS<-sum(apply(county,2,var))


## k =2 到 100 时的类内平方和
>for (i in 2:100) {
+   km_this<-kmeans(county, centers=i)
+   WithinSS[i]<-sum(km_this$withinss)}


## 计算 Hartigan 指标
>hartigan<-rep(NA, 98)
>for(i in 2:99){
+   hartigan[i]<-(WithinSS[i]/WithinSS[i+1]-1) * (n-i-1)}


library(ggplot2)
>hartigan1<-data.frame(k=c(1:99), hart=hartigan)
>hartigan1<-hartigan1[-c(1:4),]
>ggplot(hartigan1, aes(x=k, y=hart))+
+   geom_line(size=0.8, color="blue")+
+   geom_point(size=2, shape=16, col="red")+
+   geom_abline(intercept=10, slope=0, size=1,
+        linetype="dashed")+
+    labs(x="k-cluster", y="Hartigan's index")+
+    theme(legend.position="none")


## 计算 gap statistics 下的优化结果
>library(factoextra)
>set.seed(91827)
>fviz_nbclust(scale(county), kmeans, method="gap_stat", k.max=20,
+nboot=30)
```

k-means 还可以用于多属性空间的聚类分析。代码 4-12 和图 4-16

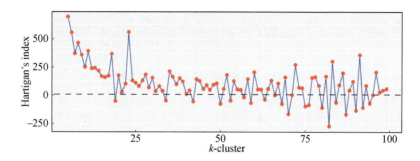

图 4-14　Hartigan 指标随着 k 的变化情况

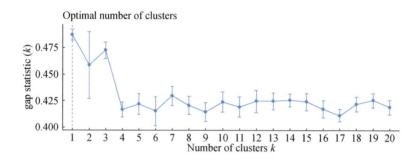

图 4-15　基于 gap statistics 的优化 k 的判断

展示的就是 k-means 对美国 50 个州人口和犯罪率等定量指标在 1973 年的统计数据进行聚类的结果，基本的操作和计算过程与上述例子是相同的，只是由于存在 4 个变量，在可视化结果的时候采用了基于主成分制图的方式。在聚类之前，利用 Hopkins' statistic 对数据集的聚类趋势进行评估，利用 gap statistics 对可能优化的 k 进行计算，这里选择的是最大 gap 统计下的 $k=4$。

代码 4-12　多属性 k-means 聚类

```
>library(factoextra)
>library(ggsci)
>head(round(USArrests, 3))
            Murder    Assault    UrbanPop    Rape
```

Alabama	13.2	236	58	21.2
Alaska	10.0	263	48	44.5
Arizona	8.1	294	80	31.0
Arkansas	8.8	190	50	19.5
California	9.0	276	91	40.6
Colorado	7.9	204	78	38.7

数据变换

```
>dat<-scale(USArrests)
```

Hopkins' statistic

```
>get_clust_tendency(dat, 40, graph=TRUE)
$hopkins_stat
[1] 0.6559125
```

gap statistics

```
>set.seed(91827)
>clusGap(dat, FUN=kmeans, nstart=25, K.max=8, B=99)
```

	logW	E.logW	gap	SE.sim
[1,]	3.458369	3.637427	0.1790580	0.03732367
[2,]	3.135112	3.366229	0.2311172	0.03886533
[3,]	2.977727	3.231704	0.2539773	0.03891662
[4,]	2.826221	3.116414	0.2901938	0.04074515
[5,]	2.738868	3.017020	0.2781523	0.04302000
[6,]	2.666967	2.927881	0.2609136	0.04277882
[7,]	2.598748	2.848879	0.2501303	0.04257691

聚类

```
>km<-kmeans(dat, centers=4, nstart=30)
```

主成分可视化

```
>fviz_cluster(km, data=dat, ellipse.alpha=0, labelsize=9)+
+   scale_fill_npg()+theme(legend.position="none")
```

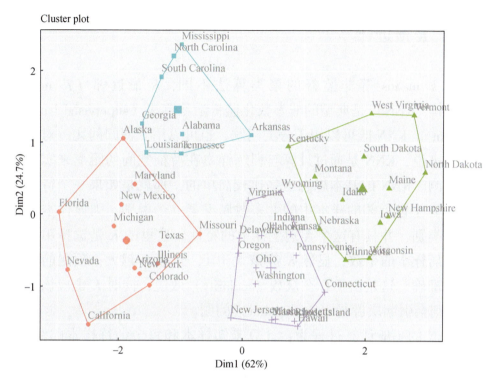

图 4-16　美国 50 个州人口和犯罪率情况的 k-means 聚类结果

k-means 算法是以平均值来计算类的中心，当出现异常值或者离群点的时候，k-means 算法的聚类结果可能会出现偏差，就像前面讲到的参数统计方法是对异常值敏感的一样。后来提出的 K-Medoids 算法不再使用平均值，而是采用类似中位数的算法，将类中某个代表性的点作为类的中心，称为 medoid，即到类内所有点距离之和最小的那个点。K-Medoids 算法的基本执行过程与 k-means 算法是一致的。显然，当存在孤立的离群点的时候，该算法比 k-means 算法更稳健，但计算的复杂度和成本更高。围绕着 K-Medoids 算法的基本聚类思路，发展了PAM（partitioning around medoids）和 CLARA（Clustering LARge Applications）等具体实现的算法。后来又陆续出现了 mean shift、EM（expectation-maximization）聚类等，这里就不详细介绍了。

4.3.3　*K* 最近邻

　　与 *k*-means 等非监督的聚类算法不同，*K* 最近邻（*K*-nearest neighbors，KNN）是典型的非参数化监督学习算法（supervised learning algorithm）。KNN 既可以用于分类问题，也可以用于回归问题。对于分类问题来说，KNN 是通过计算与训练样本在特征空间的距离来实现类别的预测。KNN 的基本思想也是比较简单的，那就是如果一个待判定样本的 *K* 个最近邻的样本中的大多数属于某一个类别，则该样本也属于这个类别，并具有这个类别上样本的特性。这里的 *K* 是选择用于判断的邻居样本的个数，显然 *K* 应该大于 1，并且 *K* 越大，预测的结果可能越准确，这是由于存在众数（majority）效应，同时 *K* 也应该是奇数，否则会引起决胜局（tie-breaker）问题。

　　KNN 的一般计算过程为：计算未知样本和每个训练样本的距离，在训练样本中寻找 *K* 个最近邻样本，根据决策规则决定未知样本的标签。这里涉及距离的度量，可以根据数据特点来从众多的方法中选择。既然是有样本的监督学习算法，*K* 值可以通过交叉验证来确定，而决策规则一般可以选择众数或投票的方式。

　　下面结合 R 代码与样例数据对具体的操作过程进行详细的说明。样例数据是意大利某地区三种类型红酒的 178 个样本对 13 个定量的理化指标测量的结果，红酒的类别变量的名字是 Cultivars。执行 KNN 分析可以分为四步，下面步骤的描述在代码 4-13 中可以找到对应的部分。第一步，按照 70% 的比例将数据划分为训练集和测试集；第二步，设定 5 次 10 折交叉验证为训练策略（即 10-fold cross validation），也就是将训练数据集分成 10 份，轮流将其中 9 份作为训练数据，1 份作为测试数据，10 次实验正确率的均值为算法精度估计值，上述过程重复 5 次，最后取总体平均精度值；第三步，进行模型的训练学习，其中 Cultivars 参数设置表明使用所有 13 个指标为特征测量，preProcess 参数设置表明对数据进行正态化变换，metric 参数设置表明使用准确度为模型精度估计的指标，这里优化的 K 为 7；第四步，利用测试集进行预测与模型精度评估。精度评估是基于通用的混淆矩阵（confusion matrix）和系列常用的定量化指标。

代码 4-13　KNN 建模和预测

```
>library(caret)
>wine $ Cultivars<-as.factor(wine $ Cultivars)

##===第一步===
>set.seed(91827)
>intrain  <-createDataPartition(wine $ Cultivars, p=0.7, list=FALSE)
>training<-wine[intrain,]
>testing  <-wine[-intrain,]

##===第二步===
>trctrl<-trainControl(method="repeatedcv", number=10, repeats=5)

##===第三步===
>knn_fit<-train(Cultivars ~., data=training, method="knn",
+  trControl=trctrl,
+  preProcess=c("center", "scale"),
+  metric=c("Accuracy"))

## 查看训练结果
>knn_fit
k-Nearest Neighbors

126 samples
13 predictor
  3 classes: 'W1', 'W2', 'W3'

Pre-processing: centered (13), scaled (13)
Resampling: Cross-Validated (10 fold, repeated 5 times)
```

Summary of sample sizes: 113, 112, 113, 114, 114, 114, ...
Resampling results across tuning parameters:

```
  k  Accuracy   Kappa
  5  0.9635531  0.9452409
  7  0.9793223  0.9687418
  9  0.9743407  0.9613202
```

Accuracy was used to select the optimal model using the largest value.
The final value used for the model was k=7.

##===第四步===
```
>test_pred<-predict(knn_fit, newdata=testing)
>confusionMatrix(test_pred, testing $ Cultivars)
Confusion Matrix and Statistics
          Reference
Prediction  W1   W2   W3
        W1   17    0    0
        W2    0   20    0
        W3    0    1   14
Overall Statistics
               Accuracy : 0.9808
                 95% CI : (0.8974, 0.9995)
    No Information Rate : 0.4038
    P-Value [Acc >NIR] :<2.2e-16
                  Kappa : 0.9709
```

4.3.4 DBSCAN

前面讲的 k-means 算法是基于 Voronoi cells 的划分，意味着无法正确分割非凸多边形的边界问题。而 DBSCAN（density- based spatial clustering of applications with noise）算法在理论上可以识别任意分布形

状的类和噪声。

DBSCAN 算法里定义了两个全局变量和三类对象。两个全局变量是 eps，即邻居的最大半径，距离在 eps 内所有点构成给定点的 eps-neighborhood；MinPts，即一个点的 eps-neighborhood 中最少点的数量。三类对象是 core object，其 eps-neighborhood 中至少有 MinPts 个对象；border object，其 eps-neighborhood 中点个数少于 MinPts，但属于 core object 的 eps-neighborhood；noise object，除上述两种之外的其他对象。

如图 4-17 所示，如果 p 是核心点，q 在 p 的 eps-neighborhood 中，则称 q 是从 p 直接密度可达的（directly density-reachable）（左图）；如果 q 是核心点，p 和 q 之间存在 directly density-reachable 的点链，则称 p 从 q 是密度可达的（density-reachable）（中间图）；如果 p 和 q 具有共同的 density-reachable 的点 o，则称 p 和 q 为密度连接的（density-connected）（右图）。

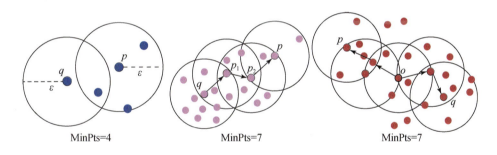

图 4-17　DBSCAN 基本参数定义示例

基于以上定义和规则，DBSCAN 的基本计算过程为：从任意未访问的 p 开始，获取从 p 开始所有 density-reachable 的点，如果该点为 core object，则构成一个新的 cluster；如果该点为 border object，并且没有点从该点是 density-reachable，则开始下一个未被访问的点；重复上述操作，直到所有点处理完毕。代码 4-14 和图 4-18 对比了 DBSCAN 和 k-means 以及基于 K-Medoids 的 PAM 算法操作与结果，聚类结果的差异性是显而易见的。

代码 4-14　DBSCAN 算法空间聚类

```
>library(fpc)
>library(cluster)
>data("multishapes", package="factoextra")
>dat<-multishapes[, 1:2]

## kmeans
>km<-kmeans(dat, centers=6, nstart=25)

## PAM
>pm<-pam(dat, k=6, nstart=25)

>dbscan
>db<-dbscan(dat, eps=0.15, MinPts=5)
>print(db)
dbscan Pts=1100 MinPts=5 eps=0.15
          0     1     2     3     4     5
border   31    24     1     5     7     1
seed      0   386   404    99    92    50
total    31   410   405   104    99    51

## 画图
>par(mfrow=c(1,2), mai=rep(0.1, 4))
>plot(dat,pch=20, cex=1.2, col=km $ cluster+1,
+     xaxt="n", yaxt="n")
>plot(dat, pch=20, cex=1.2, col=pm $ clustering+1,
+     xaxt="n", yaxt="n")
>plot(dat,pch=20, cex=1.2, col=db $ cluster+1,
+     xaxt="n", yaxt="n")
```

图 4-18　k-means（左）、K-Medoids（中）与 DBSCAN（右）聚类结果对比

4.4　小　　结

格局分析是经典空间分析的重要内容，分析的主要目的是发现随机变量或者对象在空间分布的基本模式。空间分布模式的判断通常是以"随机分布"为基础来区分是聚集分布、离散分布还是规则分布。研究分布格局特征的主要目的是与背后的影响和驱动因素相关联。不断发展的基于数值的聚类方法则为以"类别"为基础的对象识别与提取提供了方法支持。

| 第 5 章 |　　回归分析 I

　　本章主要是对基础的回归分析方法进行介绍，包括线性回归和广义线性回归两部分内容。其中，线性回归内容包括简单线性回归（simple linear regression）和多元线性回归（multiple linear regression），以及类别变量和交互项的处理方法，同时对包括回归诊断分析和可视化制图等内容也结合具体的方法进行讲解；广义线性回归内容包括常用的 Logistic（逻辑斯谛）回归、Poisson 回归和 Beta 回归，为后续学习空间回归分析方法打下基础。

5.1　线　性　回　归

5.1.1　简单线性回归

　　在统计模型中，回归分析是用于估计自变量（independent）和因变量（dependent）之间的定量函数关系，用于评估给定自变量的情况下因变量的条件期望值。当然，应用回归分析的前提与相关分析是一样的，即所研究的自变量和因变量存在理论上的因果关系或者相关性。简单线性回归是回归分析中最基础的一种类型，用于拟合两个变量之间的线性作用关系，即

$$\hat{Y}_i = \beta_0 + \beta_1 X_i + \varepsilon_i \qquad (5\text{-}1)$$

式中，β_0 和 β_1 为回归系数，也分别称为截距（intercept）和斜率（slope）；ε_i 为残差项（residuals），即拟合值与观测值之间的差异，线性回归通常 ε_i 要求满足期望为 0 的正态分布，即残差的正态性。回归

系数可以通过最小二乘法 (ordinary least squares, OLS) 或者最大似然估计 (maximum likelihood estimate) 来获得, 具体的估计计算过程可以参考相关的材料。在这里, 重点说明关于拟合优度 (goodness-of-fit) 的问题。线性回归满足下面的平方和分解公式 (the partition of sums of squares):

$$\sum (Y_i - \overline{Y})^2 = \sum (\hat{Y}_i - \overline{Y})^2 + \sum (Y_i - \hat{Y}_i)^2 \qquad (5\text{-}2)$$

式中, Y_i 为观测值; $\overline{Y}$ 为观测值的均值; $\hat{Y}_i$ 为拟合值。式 (5-2) 也可以表达成式 (5-3) 的对应形式:

SSTO(总偏差平方和)= SSR(回归平方和)+SSE(残差平方和)

$$(5\text{-}3)$$

根据上面的关系, 决定系数 (coefficient of determination, R^2) 的定义为

$$R^2 = \frac{\text{SSR}}{\text{SSTO}} \qquad (5\text{-}4)$$

显然, R^2 的取值范围为 0~1, 其可以作为整体拟合效果的一个衡量。但更为常用的是, R^2 说明了自变量可以解释的因变量方差的百分比。

OLS 整体拟合效果的显著性可以通过方差分析的 F 检验, 即

$$F = \frac{\text{explained variance}}{\text{unexplained variance}} = \frac{\text{SSR}/m}{\text{SSE}/(n-m-1)} \qquad (5\text{-}5)$$

式中, n 为样本量; m 为解释变量的个数。回归系数的显著性可以采用满足 $n-2$ 个自由度的 t 分布检验进行, 如对斜率显著性检验的 H_0 为 $\beta=0$, 对应的检验统计量 t 的计算公式为

$$t = \frac{\hat{\beta}_1}{\left(\dfrac{\sigma}{\sqrt{\sum (X - \overline{X})^2}}\right)}, \quad \sigma = \sqrt{\frac{\sum (Y_i - \hat{Y})^2}{n - 2}} \qquad (5\text{-}6)$$

此外, 利用 t 分布还可以给出拟合系数的置信区间估计。

OLS 方法的前提要求是变量满足正态分布, 并且对于拟合结果也

有一系列的假定和要求,除了前面提到的残差正态性(可以使用 Shapiro-Wilk 检验)之外,还有包括残差的独立性(Durbin-Watson statistics)、残差的异方差性(Breusch-Pagan 检验)、变量线性关系的判定、离群点监测(Bonferroni outlier 检验)、高杠杆点检测(Hat statistic)和强影响点检测(Cook's D)等,这些内容将在多元线性回归分析里进行介绍。

下面结合 spdep 包所带的 elect80 数据集来说明简单线性回归的具体操作和结果解释。在这里,假定将 elect80 中 19 岁以上合法选民参加投票的比例 pc_turnout 看作因变量(或者称被解释变量,explained variable),19 岁以上合法选民大学毕业的比例 pc_college 看作自变量(或者称解释变量,explanatory variable),通过 R 语言的 lm 函数拟合二者之间的线性关系,详细的操作和结果如代码 5-1 所示。

代码 5-1 简单线性回归

```
>library(spdep)
>library(ggplot2)
>data(elect80)

## 拟合 pc_turnout 和 pc_college
>fit<-lm(pc_turnout ~ pc_college,data=elect80)

## 查看结果
>summary(fit)
Call:
lm(formula=pc_turnout ~ pc_college,data=elect80)

Residuals:
    Min      1Q   Median      3Q      Max
-0.46158 -0.06276 -0.00775  0.06005  0.39146

Coefficients:
```

```
            Estimate  Std. Error t value  Pr(>|t|)
(Intercept) 0.321783  0.008362   38.48    <2e-16    ***
pc_college  0.511482  0.016697   30.63    <2e-16    ***
---
Signif. codes:  0 '***'  0.001 '**'  0.01 '*'  0.05 '.'  0.1 ' '  1

Residual standard error: 0.09467 on 3105 degrees of freedom
Multiple R-squared:  0.2321,   Adjusted R-squared:  0.2318
F-statistic: 938.4 on 1 and 3105 DF,  p-value: < 2.2e-16
```

获取拟合参数的 95% CI
```
>confint(fit,level=0.95)
              2.5%       97.5%
(Intercept) 0.3053883  0.3381782
pc_college  0.4787443  0.5442196
```

画散点与拟合线
```
>ggplot(data.frame(elect80),aes(x=pc_college,y=pc_turnout))+
+   geom_point(size=1,col="ivory4")+
+   stat_smooth(method="lm",col="red")+
+   theme_bw()
```

上面的操作给出了两个变量拟合结果的基本信息，包括拟合系数（截距=0.32，斜率=0.51），斜率的大小说明 pc_college 每增加一个单位，pc_turnout 将增加 0.51 个单位。对应的 t 检验表明，这两个拟合系数都是统计显著的（即数值的大小与 0 有显著的差异），并且通过 confint 函数获取各自的 95% 置信区间。此外，Multiple R-squared 就是前面讲到的 R^2，其大小为 0.23，表明 pc_turnout 的 23% 的变异性可以由 pc_college 来解释，Adjusted R-squared 通常是针对多元线性回归的，将会在 5.1.2 节说明。F 检验（F 值为 938.4，自由度为 1 和 3105）的 p 值远小于 0.001，表明整体拟合效果是显著的。图 5-1 给出了两个变量的散点图与对应的拟合线。

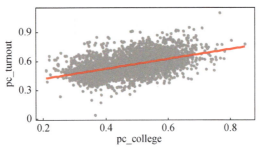

图 5-1 两个变量的线性拟合

蓝点为数据，红线为拟合直线

5.1.2 多元线性回归

多元线性回归是用来拟合一个因变量与多个自变量之间的线性函数关系，其基本的原理和分析方式包括决定系数、整体拟合与系数的显著性检验等，与上述的简单线性回归是一致的。由于在回归中涉及多个解释变量，决定系数 R^2 会随着自变量个数的增加而递增，即使增加的自变量与因变量间无定量的关系，这时需要使用校正的决定系数 R_{adj}^2，校正的决定系数使用自由度为权重因子，理论上剔除了自变量个数的影响。校正的决定系数 R_{adj}^2 的计算公式为

$$R_{adj}^2 = 1 - (1 - R^2) \frac{n-1}{n-p-1} \tag{5-7}$$

式中，n 为样本量；p 为回归拟合中的自变量个数。

在 5.1.1 节例子的基础上，引入另外两个变量，即 19 岁以上合法选民人均收入 pc_income 和 19 岁以上合法选民中房主的比例 pc_homeownership，与 pc_college 一起作为 pc_turnout 的解释变量，构建它们之间的多元线性关系，回归操作和运行结果如代码 5-2 所示。从结果中可以看出，变量 X_3（即 pc_income）与 Y（即 pc_turnout）存在显著的负的线性关系（$p < 0.001$），而另外两个变量 X_1（即 pc_college）和 X_2（即 pc_homeownership）则与 Y 存在显著的正的线性关系（$p <$

0.001），三个自变量联合解释了 Y 变化的 462% （$R^2_{adj}=0.462$），并且整体的拟合效果是显著的（$F=889.7$，$p<0.001$）。对于拟合系数，可以简单地这样理解：如在 X_1 和 X_2 保持不变的情况下，X_3 每增加一个单位，Y 将对应地下降 0.019 个单位，对于其他系数，也可以有类似的结果。当然，这样的结论是建立在三个解释变量对于 Y 的线性作用是相互独立的基础上。

代码 5-2　多元线性回归

```
## 赋值变量
> y  <- elect80 $ pc_turnout
> x1 <- elect80 $ pc_college
> x2 <- elect80 $ pc_homeownership
> x3 <- elect80 $ pc_income

## 多元线性拟合
> fit <- lm(y ~ x1 + x2 + x3)
> summary(fit)
Call:
lm(formula = y ~ x1 + x2 + x3)

Residuals:
    Min      1Q  Median      3Q     Max
-0.2307 -0.0544 -0.0096  0.0472  0.7379

Coefficients:
            Estimate Std. Error t value   Pr(>|t|)
(Intercept)  0.07478    0.01481    5.05   4.7e-07   ***
x1           0.69200    0.01907   36.29   < 2e-16   ***
x2           0.90109    0.03315   27.18   < 2e-16   ***
x3          -0.01989    0.00118  -16.81   < 2e-16   ***
---
Signif. codes:  0 '***'  0.001 '**'  0.01 '*'  0.05 '.'  0.1 ' '  1
```

```
Residual standard error: 0.0792 on 3103 degrees of freedom
Multiple R-squared:  0.462,    Adjusted R-squared:  0.462
F-statistic:  890 on 3 and 3103 DF,  p-value: <2e-16
```

线性回归通常需要满足一系列的假设，否则拟合的效果即便是统计显著的，也可能存在一定的问题。这些假设主要包括：①线性，因变量对于自变量变化的响应应该是线性的常数比例关系，否则就需要执行非线性拟合；②独立性，自变量对于因变量的作用是独立的，相互之间没有关联的，否则会出现多重共线性（multicollinearity）的问题；③可加性，自变量对于因变量的线性作用是可加的，否则会导致较大的泛化误差（generalization error）；④残差应该满足正态性，并且是相互独立的，否则会出现自相关（autocorrelation）问题；⑤残差的方差应该是一个常数，称为同方差性（homoskedasticity），否则为异方差性（heteroskedasticity）。

下面将结合上述回归的例子，说明几种常用的多元线性回归结果的诊断和操作方法。图 5-2 的四张子图从上到下、从左到右分别是残差拟合图（Residuals vs. Fitted Value）、正态-QQ 图（Normal-QQ Plot）、尺度－位置图（Scale- Location Plot）和残差－杠杆图（Residuals vs. Leverage）。最后一张残差－杠杆图主要用于检验异常值点，而前面三张用于检验模型结果是否符合多元线性模型的假设。

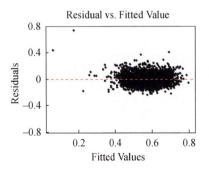
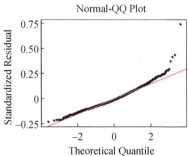

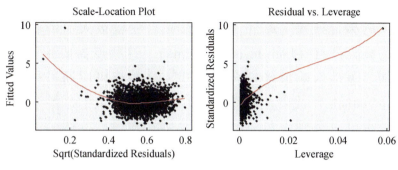

图 5-2 多元线性回归的模型诊断图

残差拟合图展现的是拟合值与对应残差值的散点图，主要用来检测模型的线性、非等误差方差以及异常点等。在这张图上，如果线性假定是合理的，那么这些点应该围绕着 0 轴上下随机分布，并且与拟合值之间没有任何明显的关系或趋势，图中红色线为二者之间的局部平滑拟合关系，理想的拟合线应该是落在 $y=0$ 上；如果散点在围绕着 0 轴的水平区间内的分布是相对均匀的，则意味残差项的方差是相同的，具有等方差的特点；以上构成了残差随机分布的模式特征，如果有个别样本点明显处在这样的模式区域之外，则可以认为是异常样本点。此外，如果红色的线呈现单峰（unimodal）趋势，则意味着在拟合方程中需要考虑加入某个解释变量的二次项（R 语言里使用 $I(X^2)$ 来表示）。

尺度–位置图是用来判断残差同方差假设，给出的是拟合值与学生化（studentized）残差值（即标准化残差绝对值的平方根）的散点图与拟合曲线。一条理想的水平拟合直线以及围绕着拟合线呈均匀分布的散点可以指示该拟合模型满足同方差假设，即残差在模型拟合范围内具有均等的方差。

正态-QQ 图展现的是残差是否满足正态分布。如果散点围绕着 1∶1 线分布，则表明可能满足正态性的假设。

残差–杠杆图则是使用了 Cook's D 来判断对模型的拟合结果会产生较大影响的点，也称强影响点（influential cases），这些点通常会出现在右上方或者右下方的区域，都具有较大的 Cook's *D*，对应的样本都具有较大的拟合残差。此外，对于具有自变量极大值或者极小值的点，称为高杠杆点（high leverage points），这些点需要注意的原因是它们可能显著地影响最佳拟合的形式，这些点可以通过杠杆统计量（leverage statistic）或者帽子值（hat-value）来识别。关于上述的假设检验，也可以分别由对应的检验方法来完成，具体的函数和操作在代码 5-3 中。

代码 5-3　线性回归模型检验与诊断

```
## 残差正态性
> library(car)
> shapiro. test(residuals(fit))
        Shapiro-Wilk normality test
data:  residuals(fit)
W=0.97,p-value <2e-16


## 残差独立性
> library(lmtest)
>dwtest(fit)
        Durbin-Watson test
data:  fit
DW=1.29,p-value <2e-16
alternative hypothesis: true autocorrelation is greater than 0


## 残差异方差
>bptest(fit)
        studentized Breusch-Pagan test
data:  fit
BP=95.1,df=3,p-value <2e-16


## 解释变量的多重共线
>vif(fit)
```

```
    x1     x2     x3
1.8615 1.0725 1.8826
```

检验样本离群点

```
>outlierTest(fit)
      rstudent  unadjusted p-value  Bonferroni p
2636    9.7410        4.1658e-22       1.2943e-18
2616    5.6357        1.8991e-08       5.9005e-05
241     5.2698        1.4591e-07       4.5335e-04
1956    4.7172        2.4965e-06       7.7565e-03
```

在前文列出的五个检验中，Shapiro-Wilk 检验（即 shapiro.test 函数）用于残差的正态性检验，其空假设为满足正态分布。Durbin-Watson 检验（即 dwtest 函数）用于残差独立性的检验，其空假设为自相关为 0。Koenker's studentized Breusch-Pagan 检验用于残差异方差的检验（即 bptest 函数）。方差膨胀因子（variance inflation factors，VIF）用于解释变量之间的相关性检验，第 i 个解释变量的 VIF_i 是容忍度 $(1-R_i^2)$ 的倒数，R_i^2 是未经校正的决定系数。虽然没有确定的标准，但一般认为，VIF 大于 4 或者容忍度小于 0.25 就意味着可能存在多重共线问题，如果 VIF 大于 10，则存在显著的多重共线问题，需要进一步对原来的回归模型进行处理。Bonferroni outlier 检验用于异常值或者离群（mean-shift）样本点的检测。当然，还有很多其他的检验方法和操作可以完成上述的任务，这里只是举出几种最常用的方法。此外，各种检验结果说明例子里面的回归模型的效果并不是很理想，意味着可能还有其他因素影响了因变量的变异性，如空间效应和自相关等，这些将在后面的回归模型和方法中进行讲解。

在多元线性回归的结果中，自变量拟合系数的意义可以理解为：在其他自变量保持不变的情况下，目标自变量改变一个单位时，因变量对应变化的大小。不同解释变量对于因变量的作用是不同的，拟合系数也是有差异的。然而，当解释变量的量纲不同时，不容易比较单位自变量的变化引起多少因变量的改变，即在这样的情况下，拟合系数大小的直接比较是没有意义的，这时需要使用到标准化系数（standardized coefficients），也称 Beta 系数。具体的处理方法就是将所有变量进行标准化变换后再进行回归分析，便会得到标准化的 Beta 拟合系数。Beta 系数大小的意义可以理解为：自变量一个标准差的变化会引起因变量多少个标准差的变化。这样一来，解释变量之间对于因变量的作用大小就具有拟合系数上的可比较性。在这样的处理中，拟合系数、模型的显著性以及整体拟合效果不会改变，只是产生了标准化的回归系数，具体的操作和拟合结果如代码 5-4 所示。

代码 5-4　Beta 系数回归

```
## Beta 系数拟合
>summary(lm(scale(y) ~ scale(x1)+ scale(x2)+scale(x3)))

Call:
lm(formula=scale(y) ~ scale(x1)+ scale(x2)+scale(x3))

Residuals:
    Min      1Q    Median      3Q      Max
-2.1362  -0.5039  -0.0891  0.4367  6.8315

Coefficients:
              Estimate   Std. Error   t value   Pr(>|t|)
(Intercept)  -1.621e-16  1.316e-02    0.00          1
scale(x1)     6.518e-01  1.796e-02    36.29      <2e-16    ***
scale(x2)     3.705e-01  1.363e-02    27.18      <2e-16    ***
scale(x3)    -3.035e-01  1.806e-02   -16.81      <2e-16    ***
---
Signif. codes:  0 '***'  0.001 '**'  0.01 '*'  0.05 '.'  0.1 ' ' 1

Residual standard error: 0.7336 on 3103 degrees of freedom
```

```
Multiple R-squared: 0.4624,    Adjusted R-squared: 0.4619
F-statistic: 889.7 on 3 and 3103 DF,  p-value: < 2.2e-16
```

在多元回归拟合模型中，方差分析表（ANOVA table）经常被用来分析因变量解释的自变量方差［variance，对于广义线性模型（generalized linear model，GLM）来说是偏差 deviance］以及自变量未被解释的方差，其基础就是前面提到的平方和分解公式。进一步，方差分析表可以用来评估加入的变量是否显著提高了线性回归模型对于因变量变异的解释程度，因此也可以用于回归模型的比较。对于多元线性回归模型来说，方差分析表是通过 F 检验来完成的，对于广义线性回归模型来说，则是通过最大似然比检验近似服从自由度为参数个数的卡方分布）来完成。

回归模型的方差分析有三种不同的类型。其中，Type I 称为序贯（sequential）型的平方和，即检验的结果是与解释变量的加入顺序有关的，对于上述例子来说，anova（lm（$y \sim x_1 + x_2 + x_3$））与 anova（lm（$y \sim x_2 + x_3 + x_1$））的结果是不同的，Type I 的结果描述的是在已加入解释变量的基础上，新加入解释变量引起的因变量方差的减少量；Type II 测试的则是在其他所有解释变量加入的情况下，指定的解释变量引起的因变量方差的减少量，因此与顺序无关，Type III 则考虑了解释变量之间的交互作用。在交互作用不显著的情况下，Type II 型方差表更为常用。代码 5-5 比较了三种类型方差表分析结果的差异性。

代码 5-5　回归的方差表分析

```
## I 型方差分析
>anova(lm(y ~ x1 + x2 + x3),test="F")
Analysis of Variance Table

Response: y
        Df  Sum Sq Mean Sq F value    Pr(>F)
x1       1  8.4102  8.4102 1339.61 < 2.2e-16 ***
```

```
x2         1   6.5730   6.5730 1046.99 < 2.2e-16 ***
x3         1   1.7732   1.7732  282.44 < 2.2e-16 ***
Residuals 3103 19.4809   0.0063
---
Signif. codes:  0 '***'  0.001 '* *  0.01 '*  0.05 '.'  0.1 '' 1
```

Ⅱ型方差分析

```
> library(car)
>Anova(lm(y ~ x1 + x2 + x3),type="II",  test="F" )
Anova Table (Type II tests)


Response: y
        Sum Sq   Df   F value   Pr(>F)
x1      8.2697    1   1317.24  < 2.2e-16  ***
x2      4.6375    1    738.69  < 2.2e-16  ***
x3      1.7732    1    282.44  < 2.2e-16  ***
Residuals 19.4809 3103
---
Signif. codes:  0 '*** '  0.001 '* *'  0.01 '*'  0.05 '.'  0.1 '' 1
```

Ⅲ型方差分析

```
>Anova(lm(y ~ x1 + x2 + x3),type="III",  test="F" )
Anova Table (Type III tests)


Response: y
            Sum Sq    Df   F value    Pr(>F)
(Intercept) 0.1600    1    25.483     4.719e-07  ***
x1          8.2697    1    1317.238  < 2.2e-16  ***
x2          4.6375    1    738.688   < 2.2e-16  ***
x3          1.7732    1    282.438   < 2.2e-16  ***
Residuals   19.4809  3103
---
Signif. codes:  0 '*** '  0.001 '* *'  0.01 '*'  0.05 '.'  0.1 '' 1
```

在上述的三种类型方差表分析的结果中，Sum Sq 即平方和，与 Residuals 的平方和是一样的，即 y 变量未被解释的方差，也就是残差平方和 sum（fit\$residuals^2）≈ 19.48。y 的总偏差平方和为 sum（（y-mean（y））^2）≈ 36.24，那么未被校正的 $R^2 = 1 - 19.48/36.24 \approx 0.46$。由于上述的计算含义的差异性，对于不同解释变量，对应的 Sum Sq 在不同类型的方差表中的结果是不同的。利用 Type II 的结果，可以得到如下结论：在考虑其他变量的情况下，x_1、x_2 和 x_3 变量分别解释了 y 变化的 22.82%、12.80% 和 4.89%，具体的操作和对应的结果如代码 5-6 所示。

代码 5-6　解释方差的计算

```
## 解释因变量方差的% 计算
> k2 <-Anova(lm(y ~ x1 + x2 + x3),type="II", test="F" )[[1]]

> k2[1:3]/sum((y - mean(y))^2)

[1] 0.22821028  0.12797694  0.04893218
```

实际上，这样的分析操作称为线性模型的相对重要度测量（relative importance metrics），即通过类似 R^2 分解的方式，用来比较解释变量之间对于解释因变量变化的相对贡献量，也是解释变量重要程度的一种测量。由于是基于 ANOVA table 的，分解的方法和含义也是有差异的，relaimpo 包提供了几种不同的方法，其中 type = last 方法就是上面所描述的计算过程和结果，代码 5-7 展示了两种不同方法的分析结果。在实际应用中，可以根据需要来选择使用，但要注意不同方法结果的含义是有差异的。

代码 5-7　解释变量重要度分析

```
## 变量重要度- R² 分解
> library(relaimpo)
> calc.relimp(fit,type  = "betasq")
```

```
Response variable: y
Total response variance: 0.01166686
Analysis based on 3107 observations


3Regressors:
x1 x2 x3
Proportion of variance explained by model: 46.24%
Metrics are not normalized (rela=FALSE).
Relative importance metrics:


      betasq
x1 0.42482274
x2 0.13725803
x3 0.09211863


> calc.relimp(fit,type  = "pratt")
Response variable: y
Total response variance: 0.01166686
Analysis based on 3107 observations


3Regressors:
x1 x2 x3
Proportion of variance explained by model: 46.24%
Metrics are not normalized (rela=FALSE).


Relative importance metrics:


       pratt
x1   0.31399955
x2   0.17168679
x3 -0.02327822
```

对于回归模型来说，解释变量与因变量之间的线性联系强度可以通过效应量的测量来获取。效应量的测量也有不同的方法和适用情形

（表 2-1），在这里使用 Cohen's f^2 来计算。对于一个给定的自变量来说，Cohen's f^2 的定义如下：

$$\text{Cohen's } f^2 = (R^2\text{included} - R^2\text{excluded}) / (1 - R^2\text{included}) \quad (5\text{-}8)$$

通常经验性地认为，如果 Cohen's f^2 在 0.10 以下表示小的效应，0.25 左右表示中等效应，0.40 以上则表示相对强的效应。代码 5-8 展示的是基于 Type II 方差表的 Cohen's f^2 效应量的估计结果。

代码 5-8　多元线性拟合的效应量估算

```
## 效应量计算
> library(effectsize)
>cohens_f_squared(Anova(lm(y ~ x1 + x2 + x3),type="II"))
## Effect Size for ANOVA (Type II)


Parameter |Cohen's f2 (partial)|     95% CI
---------------------------------------------------
x1        |              0.42   |[0.38,Inf]
x2        |              0.24   |[0.16,Inf]
x3        |              0.09   |[0.07,Inf]


- One-sided CIs: upper bound fixed at (Inf).
```

回归拟合结果的展示也是非常重要的一个方面，在这里介绍三种常用的方法：①森林图（forest plots），采用图表结合的方式显示拟合系数、置信区间以及显著性检验的 p 值；②效应图（effect plots），单独分析一个解释变量效应的时候，其他变量取平均值代入回归方程而得到的拟合图；③响应面图（response surface plots），固定其他变量的取值，利用等值线和颜色填充画出因变量随着两个解释变量取值变化的二维平面图，具体实现的过程和相应的结果如代码 5-9 和图 5-3 ~ 图 5-5 所示。

代码 5-9　拟合结果分析制图

```
> library(forestmodel)
> library(rsm)
> library(effects)
> fit <- lm(y ~ x1 + x2 + x3)

## 森林图
> forest_model(fit)

## 效应图
> plot(allEffects(fit))

## 响应面图
> par(mfrow=c(1,3))
## 绘制不同自变量组合下的因变量的二维趋势面
> contour.lm(fit,x1 ~ x2,image=TRUE)
> contour.lm(fit,x2 ~ x3,image=TRUE)
> contour.lm(fit,x3 ~ x1,image=TRUE)
```

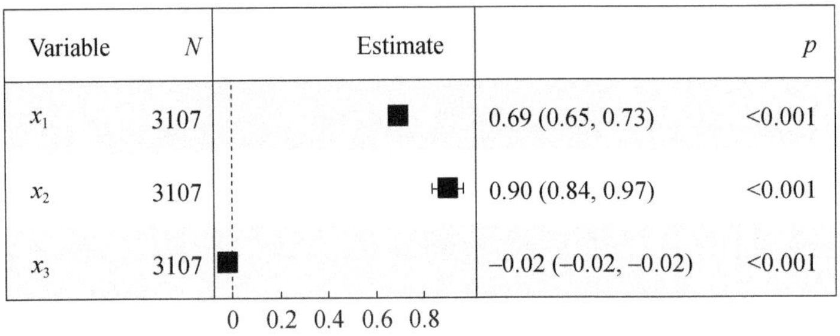

Variable	N	Estimate		p
x_1	3107	■	0.69 (0.65, 0.73)	<0.001
x_2	3107	⊢■⊣	0.90 (0.84, 0.97)	<0.001
x_3	3107	■	−0.02 (−0.02, −0.02)	<0.001

0　0.2　0.4　0.6　0.8

图 5-3　回归的森林图

最后，需要提到的是关于拟合残差的自相关检验问题。当回归建模变量是空间分布的时候，即使在建模的时候没有考虑空间效应（就像上面的例子一样），在回归拟合完成后，还要对拟合残差进行全局的空间自相关检验。从图 5-6 中可以看出，例子中多元线性拟合的残差

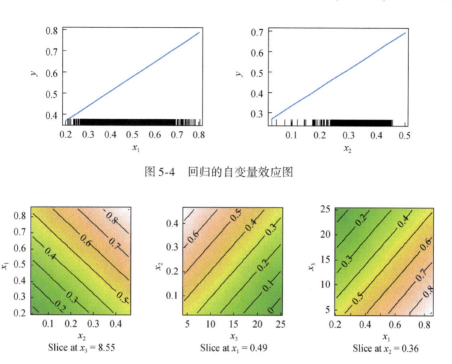

图 5-4　回归的自变量效应图

图 5-5　回归的因变量响应面图

有着清晰的空间聚集的模式，后面的 Spatial correlograms 分析结果（代码 5-10）也证实了显著正的空间自相关的存在。这就意味着 3 个自变量解释了因变量变化的 46.24%（参考前面的结果），而剩下的一部分可能是与空间自相关有关。在一个严谨的建模结果分析中，如果没有进行针对性的建模处理，至少这样的内容分析和呈现是需要的。

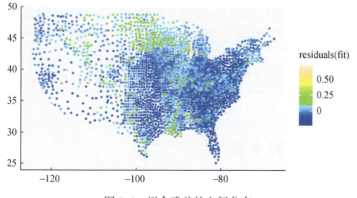

图 5-6　拟合残差的空间分布

代码 5-10　拟合残差的 Spatial correlograms

```
> library(pgirmess)
> library(ggplot2)

## 获取坐标
>coords <- coordinates(elect80)
>colnames(coords)<- c("X","Y")

## 空间分布
>ggplot(data.frame(coords),aes(x=X,y=Y,color =residuals(fit)))
+    geom_point(size=1,shape=16)+
+    scale_color_gradientn(colours=topo.colors(200))

## Spatial correlograms
> res <-correlog(coords,residuals(fit),method="Moran",nbclass=7)

##查看结果
> res
Moran I statistic
      dist.class      coef            p.value         n
[1,]  4.070539    0.110741201    0.000000e+00    2556344
[2,]  12.163521   -0.009831225   1.000000e+00    3625310
[3,]  20.256502   -0.027447846   1.000000e+00    1979588
[4,]  28.349483   -0.086938952   1.000000e+00    874784
[5,]  36.442464   -0.048258065   1.000000e+00    433570
[6,]  44.535445   0.025730710    9.063548e-05    164070
[7,]  52.628426   -0.030573370   9.023203e-01    16680
```

5.1.3　类别型解释变量

在上面两个部分的例子中，所有的自变量和因变量都是数值型，确切来说是在一定区间取值的实数型变量，其对应线性回归的拟合系数（斜率）也具有确定的具体含义。在实际问题的研究中，经常还会遇到另外一大类型的解释变量，即类别型变量或者标签变量，这样的变量同样也可以引入回归方程中，作为因变量变化的解释，称之为类别型解释变量（categorical explanatory variables）。

　　与数值型解释变量不同，类别型解释变量通过拟合不同截距来定量其对于因变量变化的作用，有时也称为分组效应。现在有这样的一个例子，gapminder 数据集给出了 5 个大洲 continent 的 142 个国家在 1952～2007 年的预期寿命 lifeExp、人均国内生产总值 gdpPercap 变量，选择 2007 年的数据来分析，将 continent 和 gdpPercap 看作自变量，来解释因变量 lifeExp 的变化。其中，continent 为类别型变量，取值就是 5 个大洲的名称标签，从图 5-7（对应制图操作在代码 5-11 中）中可以清楚地看到 lifeExp 与 gdpPercap 存在线性响应关系，并且 lifeExp 随着 continent 不同有着显著的差异。

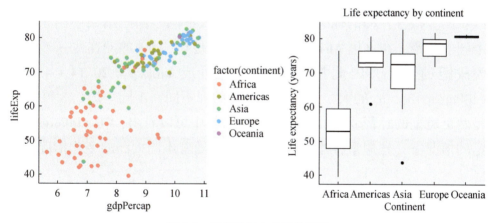

图 5-7　因变量与自变量关系图

代码 5-11　连续和类别型变量关系制图

```
> library(gapminder)
> library(ggplot2)
> library(patchwork)
```

准备数据

```
>gdat<-data.frame(gapminder[which(gapminder$year==2007),c(1,2,4,6)])
>gdat$gdpPercap <-log(gdat$gdpPercap)
```

画图
分组散点图

```
> p1 <-ggplot(data=gdat,mapping=aes(x=gdpPercap,y=lifeExp))
> p1 <- p1 +geom_point(aes(colour=factor(continent)),cex=2)
```

boxplot

```
> p2 <-ggplot(data=gdat,mapping=aes(x=continent,y=lifeExp))
> p2 <- p2 +geom_boxplot()+labs(x="Continent",y="Life expectancy
(years)",title="Life expectancy by continent")
```

拼接显示

```
>p1+p2+plot_layout(nrow=1,ncol=2)
```

代码 5-12 展示了类别型解释变量的回归拟合与结果。从代码中可以看出，拟合方程的输入表达并没有什么不同。回归结果中给出了 4 个洲的截距，在这里 Africa（非洲）默认是 0，其他的洲在此基础上调整截距的大小，因此拟合方程可以写成 $lifeExp = 20.14 + 4.63 \times gdpPercap + b_1$，$b_1$ 的大小随着国家所在的洲不同而不同。图 5-8 展示的是两个类型的解释变量的效应图，从右图中可以看出，在 gdpPercap 固定的情况下（这里取样本均值），lifeExp 随着不同大洲的变化情况。

代码 5-12 类别型解释变量的回归拟合

回归拟合

```
> fit <- lm(lifeExp ~ gdpPercap + continent,data=gdat)
> summary(fit)

Call:
lm(formula =lifeExp ~ gdpPercap + continent,data=gdat)
```

```
Residuals:
    Min      1Q  Median      3Q     Max
-19.492  -2.315  -0.043   2.550  14.882
Coefficients:
                    Estimate  Std. Error  t value  Pr(>|t|)
(Intercept)           20.138       4.033     4.99   1.8e-06   ***
gdpPercap              4.631       0.527     8.78   6.1e-15   ***
continentAmericas     11.694       1.655     7.07   7.5e-11   ***
continentAsia         10.114       1.476     6.85   2.3e-10   ***
continentEurope       11.268       1.894     5.95   2.1e-08   ***
continentOceania      12.929       4.521     2.86   0.0049    **
---
Signif. codes:  0 '***' 0.001 '**' 0.01 '*' 0.05 '.' 0.1 ' ' 1

Residual standard error: 5.93 on 136 degrees of freedom
Multiple R-squared:  0.767,     Adjusted R-squared:  0.759
F-statistic: 89.7 on 5 and 136 DF,  p-value: <2e-16
```

效应图

```
> library(effects)
> plot(allEffects(fit))
```

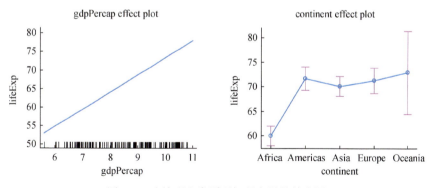

图 5-8　连续型和类别型解释变量的效应图

5.1.4　交互项

预测因子的交互效应（interaction effect of predictor）是指两个或更多变量联合起来会对一个变量产生比它们各自独立作用的总和更大的影响。当试图建立几个解释变量对同一个变量关系的定量关系时，交互效应可能存在，这个时候就需要在回归中引入交互项。对于包含两个数值型的解释变量 x_1 和 x_2 以及它们的交互项，多元线性的拟合方程可以写作：

$$y = \beta_0 + \beta_1 x_1 + \beta_2 x_2 + \beta_3 (x_1 \times x_2) \tag{5-9}$$

下面通过一个例子来说明带有交互效应的线性回归分析。这里有 400 项不同类型商品的销售额 sales 以及对应该商品在 youtube 和 facebook 平台上的广告投入数据，代码 5-13 展示了如何在回归中加入两个解释变量交互项 youtube：facebook，以及对应的多元线性拟合结果。在这里，交互项的存在可以认为是满足这样的一个关于市场研究中的协同效应（synergy effect）的假设，即在 facebook 平台上的广告投入将会增加 youtube 平台上广告投入对于增加商品销售额的作用（当然，也可以从 youtube 对 facebook 协同效应的角度来分析）。

代码 5-13　交互项回归拟合

```
## 无交互项的回归拟合
> summary(M1<-lm(sales ~ youtube + facebook))
Call:
lm(formula=sales ~ youtube + facebook)

Residuals:
    Min      1Q  Median      3Q     Max
-10.557  -1.050   0.291   1.405   3.399

Coefficients:
          Estimate Std. Error t value Pr(>|t|)
```

```
(Intercept)   3.50532   0.35339    9.92   <2e-16   ***
youtube       0.04575   0.00139   32.91   <2e-16   ***
facebook      0.18799   0.00804   23.38   <2e-16   ***
---
Signif. codes:  0 '***'  0.001 '**'  0.01 '*'  0.05 '.'  0.1 ' '  1

Residual standard error: 2.02 on 197 degrees of freedom
Multiple R-squared: 0.897,    Adjusted R-squared: 0.896
F-statistic: 860 on 2 and 197 DF,   p-value: <2e-16
```

带交互项的回归拟合

```
> summary(M2<-lm(sales ~ youtube * facebook))
Call:
lm(formula=sales ~ youtube * facebook)

Residuals:
   Min     1Q    Median    3Q     Max
-7.604  -0.483   0.220   0.714   1.830

Coefficients:
                  Estimate  Std. Error  t value  Pr(>|t|)
(Intercept)       8.10e+00   2.97e-01    27.23   <2e-16   ***
youtube           1.91e-02   1.50e-03    12.70   <2e-16   ***
facebook          2.89e-02   8.91e-03     3.24   0.0014   **
youtube:facebook  9.05e-04   4.37e-05    20.73   <2e-16   ***
---
Signif. codes:  0 '***'  0.001 '**'  0.01 '*'  0.05 '.'  0.1 ' '  1

Residual standard error: 1.13 on 196 degrees of freedom
Multiple R-squared: 0.968,    Adjusted R-squared: 0.967
F-statistic: 1.96e+03 on 3 and 196 DF,   p-value: <2e-16
```

两个拟合模型的 ANOVA

```
>anova(M1,M2,test="F")
Analysis of Variance Table
```

```
Model 1: sales ~ youtube + facebook
Model 2: sales ~ youtube * facebook
  Res.Df RSS Df Sum of Sq   F     Pr(>F)
1    197 802
2    196 251 1     551        430  <2e-16  ***
---
Signif. codes:  0 '***'  0.001 '* *'  0.01 '*'  0.05 '.'  0.1 ''  1
## 效应图
> p1 =sjPlot::plot_model(M1,type="pred",terms=c(' youtube' ,
+' facebook' ))
> p2 =sjPlot::plot_model(M2,type="pred",terms=c(' youtube' ,
+' facebook' ))
>p1+p2
```

根据代码 5-13 中列出的结果，对应的拟合方程可以写成如下形式：$sales = 8.1 + (0.0191 + 0.0009 \times facebook) \times youtube + 0.0289 \times facebook$。其中，拟合系数 0.0009 可以解释为单位的 facebook 平台上的广告投入将会增加 0.0009 个单位的 youtube 广告效应。图 5-9 展示了无交互作用和有交互作用的变量效应对比情况。从图 5-9 中可以看出，在给定 facebook 取值的 3 种情况下，无交互效应的 youtube 拟合线是平行的，而有交互作用下，拟合线是相交的，即 facebook 的大小会改变 youtube 对于 sales 的作用。

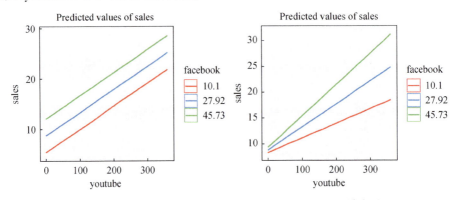

图 5-9　无交互作用（左）和有交互作用（右）的变量效应对比

此外，表5-1给出了R语言里回归分析中常用的几个符号表达及其含义。按照其中的定义规则，显然以下这三种拟合表达形式在回归中是等价的：Y ~ X+Z+W+X：Z+X：W+Z：W+X：Z：W；Y ~ X*Z*W；Y ~（X+Z+W）^3。

表5-1　R语言常用的回归符号与含义

符号	例子	含义
+	+ X	包含该变量
−	− X	不包含该变量
:	X：Z	包含这两个变量的交互项
*	X * Y	包含这两个变量的本身和它们的交互项
|	X | Z	给定 Z 变量情况下，包含 X 变量
^	(X + Z + W) ^3	包含这三个变量和它们之间所有的交互项
I	I（X * Z）	X * Z 作为一个整体项
1	X − 1	不包含截距项（即截距为 0）

5.2　广义线性回归

5.2.1　Logistic 回归

在实际问题的研究中，经常会遇到因变量是类型值的情况，如成功/失败、出现/缺失等。此时就不能直接对因变量进行建立回归模型，因为它们本身并不是直接的数字表达。而需要用到 Logistic（或者 Logit）回归。对于因变量取值为二值的情况（这里以 0 和 1 为例进行抽象代替），称之为二值 Logistic 模型（binary Logistic model）。此时，模型建模预测的对象不再是因变量 Y 二分类取值的直接结果，而是变成取其中某一个值（这里假定为 $Y=1$）的概率，即 $p=P(Y=1)$。p 的取值范围为 $0\sim1$，通常会与解释变量的取值范围不一致，因此采用对 p 进行 Logit 变换后与解释变量的线性组合建立回归关系，即

$$\text{Logit}(p) = \log_e \frac{p}{1-p} = \beta_0 + \beta_1 X_1 + \beta_2 X_2 \cdots \qquad (5\text{-}10)$$

式（5-10）写成完整的回归表达式为

$$P(Y=1) = \frac{1}{1+e^{\beta_0 + \beta_1 X_1 + \beta_2 X_2 \cdots}} \qquad (5\text{-}11)$$

从中可以看出，Logistic 回归的实质还是线性回归，只是对因变量进行了 Logit 变换，像这样对因变量进行变换的回归模型统称为广义线性模型，Logistic 回归便是其中常用的一种。

下面考虑这样一个与申请入学有关的例子，某数据集记录了 400 个学生的 4 个变量，包括是否成功被录取 admin（0/1 值）、gre 和 gpa 成绩（数值类型），以及 4 分类的排名情况 rank（包括 highest、high、low 和 lowest）。如果想用其他变量解释 admin，就需要使用 Logistic 回归，具体的回归拟合操作和结果如代码 5-14 所示。

代码 5-14　Logistic 回归

```
## Logistic 回归
> fit.lg <- glm(admit ~ gre + gpa + rank,data =pdata,family="binomial")

> summary(fit.lg)

Call:
glm(formula=admit ~ gre + gpa + rank,family="binomial",
    data =pdata)

Deviance Residuals:
    Min      1Q   Median      3Q      Max
-1.6268  -0.8662  -0.6388   1.1490   2.0790

Coefficients:
            Estimate Std. Error z value  Pr(>|z|)
(Intercept)-3.989979   1.139951   -3.500  0.000465 ***
gre         0.002264   0.001094    2.070  0.038465 *
```

```
gpa          0.804038   0.331819    2.423   0.015388 *
rankhigh    -0.675443   0.316490   -2.134   0.032829 *
ranklow     -1.340204   0.345306   -3.881   0.000104 ***
ranklowest  -1.551464   0.417832   -3.713   0.000205 ***
---
Signif. codes:  0 '***'  0.001 '**'  0.01 '*'  0.05 '.'  0.1 ' '  1
(Dispersion parameter for binomial family taken to be 1)

    Null deviance: 499.98  on 399  degrees of freedom
Residual deviance: 458.52  on 394  degrees of freedom
AIC: 470.52
```

在这里使用 glm 函数来完成回归操作。glm 函数是用于拟合包括 Logistic 在内的广义线性模型的，其中 family = "binomial" 的参数设定表明本次执行是建立 Logistic 回归模型。需要注意的是，与基于 OLS 方法的线性回归不同，广义线性模型回归采用的是最大似然估计，拟合系数的显著性采用的是 Wald 检验（即 Z-test），而模型整体的显著性可以采用 LRT。LRT 的基本原理是通过包含和排除所有自变量参数所产生的似然函数的比值来计算统计量 D（deviance），D 近似服从自由度为参数个数的卡方分布。此外，最大似然估计也没有给出与 OLS 类似的 R^2，如果需要的话，也有近似的方法来估算伪 R^2（Pseudo-R^2），具体的计算方法请参考相关材料，这里不再详细说明。示例操作方法和结果如代码 5-15 所示。需要注意的是，这里也给出了 adj. r. squared 的大小，这是根据 Nagelkerke's modified statistic 计算得来，与前文在多元线性回归里讲到的校正的 R^2 是完全不同的。

代码 5-15 Logistic 回归结果分析

```
## 显著性的卡方检验
> 1 -pchisq(499.98 - 458.52,df=399 - 394)

[1] 7.574756e-08
```

```
>
## 伪 R² 计算
> library(MuMIn)
> r.squaredLR(fit.lg)

[1] 0.09845702
attr(,"adj.r.squared")
[1] 0.1379958
```

在这个例子中，除了因变量为二值型外，自变量 rank 为类别型，结合前面介绍的 Logistic 回归的表达形式，根据代码 5-14 的输出结果，最终的拟合方程可以写成

$$p(\text{admit}=1) = \frac{1}{1+\mathrm{e}^{-(-3.99+0.002\times\text{gre}+0.80\times\text{gpa}+R)}} \begin{cases} R=0.00\,, \text{rank}=\text{highest} \\ R=-0.68\,, \text{rank}=\text{high} \\ R=-1.34\,, \text{rank}=\text{low} \\ R=-1.55\,, \text{rank}=\text{lowest} \end{cases}$$

(5-12)

对应的拟合预测结果如图 5-10 所示。从拟合方程与拟合图可以看出，高的 gre 和 gpa 值，以及 rank 为 high 的类型将会显著提高 admit=1（也就是被录取）的概率。

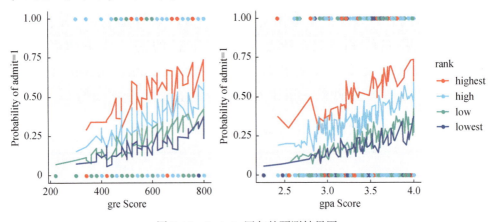

图 5-10　Logistic 回归的预测结果图

对于 Logistic 回归的结果展示来说，生物医学领域常用的列线图（alignment diagram，也称 nomogram）是更为直观的表达方式。列线图的基本原理是将解释变量依据各自对于预测的结果概率贡献的大小进行取值赋分（范围是 0 ~ 100），每一项取值赋分的加和为总得分，最后将总得分与事件预测发生的概率对应起来，使得结果的表达更为直观。代码 5-16 展示了如何利用 R 语言的 rms 包提供的函数 nomogram 进行上述结果的列线图制作（图 5-11）。

代码 5-16　列线图制作

```
## nomogram 图
> library(rms)

## 设置参数
>ddist <- datadist(pdata)
> options(datadist='ddist')

## 拟合与画图
> fit. no <-lrm(admit ~ gre + gpa + rank, data=pdata)
> par(mar=c(1,1,1,1))
>nomog <- nomogram(fit. no, fun=plogis,
+                  fun. at=c(0.05, seq(0.1, 0.9, by=0.1), 0.95),
+                  funlabel="Probability",
+                  lp=F,
+                  conf. int=F,
+                  abbrev=F)
> plot(nomog, col. grid=c("tomato", "grey"))
```

在列线图中，Points 线是单个解释变量取值的得分，每个解释变量的不同取值都可以在 Points 线上找到对应的得分大小，解释变量线标明了各自的取值范围，线段长度代表了对预测概率的影响，Total Points 线标出了所有解释变量的总得分以及与最后预测概率线的对应关系。

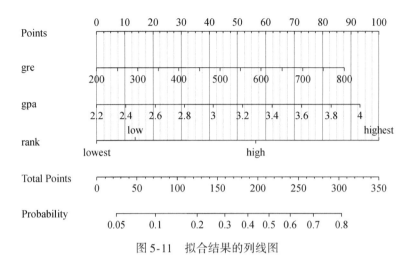

图 5-11　拟合结果的列线图

　　在上面的例子中，每一个学生录取与否的结果是分别给出的，即采样调查是在个体水平上进行的。实际中还可能存在由分组水平上给出的调查数据，如对于某个具体的系，可以通过统计总申请人数与最后的录取人数来给出整体的录取比例。在这种情况下，也可以建立满足二项分布的 Logistic 回归模型，它的回归函数写法与上述略有不同。

　　代码 5-17 展示了一个关于二项分布的例子，这个例子的数据集包含了某个大学某一年 6 个系的学生申请和录取情况，变量包括系别 dept、性别 gender、录取人数 admit 和申请了但没有被录取的人数 reject。针对这样的数据，建立 Logistic 回归模型的时候，指定 admit 与 reject 的联合作为因变量，其他的写法与前一个例子是相同的，具体的操作如代码 5-17 所示，拟合结果如图 5-12 所示。

代码 5-17　二项分布的 Logistic 回归

```
## 查看部分数据
> head(dat)
  dept applicant.gender admit reject applications
1   A             male   512    313          825
2   A           female    89     19          108
3   B             male   353    207          560
```

4	B	female	17	8	25
5	C	male	120	205	325
6	C	female	202	391	593

回归拟合

```
>fit<-glm(cbind(admit,reject) ~ dept+applicant.gender,
+          data=dat,family=binomial(link="logit"))
```

查看结果

```
> summary(fit)

Call:
glm(formula =cbind(admit,reject) ~ dept+applicant.gender,
    family=binomial(link="logit"),data=dat)

Coefficients:
                        Estimate  Std. Error  z value  Pr(>|z|)
(Intercept)              0.68192    0.09911     6.880   5.97e-12 ***
deptB                   -0.04340    0.10984    -0.395   0.693
deptC                   -1.26260    0.10663   -11.841   < 2e-16  ***
deptD                   -1.29461    0.10582   -12.234   < 2e-16  ***
deptE                   -1.73931    0.12611   -13.792   < 2e-16  ***
deptF                   -3.30648    0.16998   -19.452   < 2e-16  ***
applicant.gendermale    -0.09987    0.08085    -1.235   0.217
---
Signif. codes:  0 '***'  0.001 '**'  0.01 '*'  0.05 '.'  0.1 ' '  1
(Dispersion parameter for binomial family taken to be 1)

    Null deviance: 877.056  on 11  degrees of freedom
Residual deviance:  20.204  on  5  degrees of freedom
AIC: 103.14
```

nomogram 图

```
> library(rms)
>ddist <-datadist(dat)
```

```
> options(datadist='ddist')
> fit.no <-Glm(cbind(admit,reject) ~ dept + applicant.gender,data=dat,
+     family=binomial(link="logit"))
> par(mar=c(1,1,1,1))
>nomog <-nomogram(fit.no,fun=plogis,
+               fun.at=c(0.05,seq(0.1,0.9,by=0.1),0.95),
+               funlabel="Probability",
+               lp=F,
+               conf.int=F,
+               abbrev=F)
>plot(nomog,col.grid=c("tomato","grey"))
```

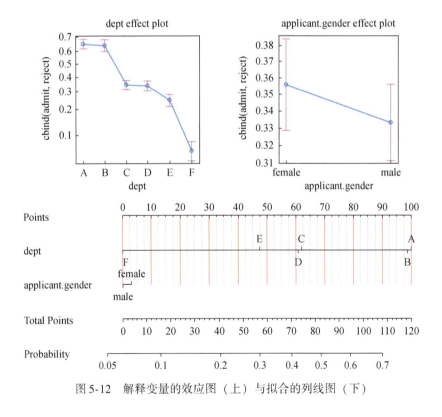

图 5-12　解释变量的效应图（上）与拟合的列线图（下）

　　在上面的拟合结果中，dept＝A 和 gender＝female 的系数为 0，其他
类别在此基础上进行改变。此外，对于 Logistic 回归的系数，通常是以

odds ratios（即常用的 OR 值）的形式给出，OR 值就是原始拟合系数的指数值。相比原始的拟合系数，OR 值的含义则更容易直接描述，它表述的是每增加一个单位的解释变量，取值发生的可能性增加（或降低的）倍数。例如，对于 dept = C 的 OR 值为 exp（−1.26）= 0.28，该结果表明，平均来说 C 系录取概率是 A 系的 0.28 倍；对于 gender = male 的 OR 值为 exp（−0.099）= 0.90，该结果表明，在其他解释变量相同的情况下，男生被录取的概率是女生的 0.90 倍，或者反过来表述，即女生被录取的概率是男生的 1/0.90≈1.11 倍也是可以的。

此外，这个例子和上面的例子的结果中都给出了赤池信息量准则（Akaike information criterion，AIC）的值。AIC 源自信息熵理论，是最大似然估计方法中用于评估拟合优度的一个常用的指标，其定义为

$$AIC = 2k - 2\ln(L) \tag{5-13}$$

式中，k 为回归模型中待估计的参数的个数；L 为对应似然估计函数的最大值。与校正的 R^2 类似，AIC 也有针对样本量 n 的校正版本 AICc，计算定义为

$$AICc = AIC + \frac{2k(k+1)}{n-k-1} \tag{5-14}$$

AIC 更多的则是用于针对同一问题的不同回归模型之间的比较。一般来说，越小的 AIC 值代表相对更优的回归拟合模型。代码 5-18 示例性地比较了两个不同的回归模型，更小的 AIC 值表明第二个模型要优于第一个模型，同时基于似然比检验的方差分析也表明，第二个模型中增加的自变量 rank 对于因变量有着显著的解释作用。当然，回归模型的比较还有其他方法，如基于误差的比较等。

代码 5-18　回归模型的比较

```
## 两个不同的回归模型
> fit1<- glm(admit ~ gre + gpa,data =pdata,family="binomial")
> fit2<- glm(admit ~ gre + gpa + rank,data =pdata,family="binomial")

## AIC 比较
```

```
> AIC(fit1,fit2)
      df    AIC
fit1  3  486.3440
fit2  6  470.5175
```

```
## 基于似然比检验的方差分析
>anova(fit1,fit2,test="LRT")
Analysis of Deviance Table
```

```
Model 1: admit ~ gre + gpa
Model 2: admit ~ gre + gpa + rank
  Resid. Df  Resid. Dev  Df  Deviance  Pr(>Chi)
1      397      480.34
2      394      458.52   3    21.826   7.088e-05  ***
---
Signif. codes:  0 '*** '  0.001 '* *'  0.01 '*'  0.05 '.'  0.1 ''   1
```

5. 2. 2　Poisson 回归

Poisson 回归是用于计数型数据（count data）或者列联表形式的频数类型的数据拟合。Poisson 回归假定响应变量 Y 满足 Poisson 分布，并且 Y 的期望的对数值是解释变量 X 的线性函数，即可以写成

$$\log(E(Y|X)) = \alpha + \beta' X \tag{5-15}$$

因此，Poisson 回归有时也被称为 log-linear model，特别是用于列联表数据分析的时候。一般情况下，Poisson 回归的参数估计和检验的方式与上述的 Logistic 回归是一样的，都是采用最大似然估计、拟合参数的 Wald 检验和整体拟合的似然比检验。

代码 5-19 展示了针对 200 个高中生获奖次数 num_awards（计数变量）与数学成绩 math（数值变量）和参加项目 prog（类别变量）之间的 Poisson 回归的结果。在这里，额外建立了一个不包含任何解释变量

的空模型用于对比。空模型的拟合参数实际上就是 num_awards 样本均值的对数，方差分析表明了两个解释变量的显著性。其他的分析与前文讲到的 Logistic 回归的操作是一样的，拟合结果如图 5-13 所示。

代码 5-19 Poisson 回归拟合

```
## 空模型
> fit_0 <- glm(num_awards ~ 1, family = "poisson")
> summary(fit_0)
Call:
glm(formula = num_awards ~ 1, family = "poisson")

Deviance Residuals:
   Min      1Q    Median      3Q      Max
 -1.122  -1.122   -1.122    0.429    4.038

Coefficients:
             Estimate  Std. Error  z value  Pr(>|z|)
(Intercept)   -0.4620      0.0891    -5.19   2.1e-07  ***
---

(Dispersion parameter for poisson family taken to be 1)

    Null deviance: 287.67   on 199   degrees of freedom
Residual deviance: 287.67   on 199   degrees of freedom
AIC: 465.7

## 对比模型
> fit_1 <- glm(num_awards ~ prog + math, family = "poisson")
> summary(fit_1)
Call:
glm(formula = num_awards ~ prog + math, family = "poisson")

Deviance Residuals:
```

```
  Min       1Q  Median      3Q      Max
-2.204  -0.844  -0.511   0.256   2.680
```

Coefficients:

```
                Estimate  Std. Error  z value  Pr(>|z|)
(Intercept)      -5.2471     0.6585     -7.97   1.6e-15  ***
progAcademic      1.0839     0.3583      3.03   0.0025   **
progVocational    0.3698     0.4411      0.84   0.4018
math              0.0702     0.0106      6.62   3.6e-11  ***
---
```

(Dispersion parameter for poisson family taken to be 1)

```
    Null deviance: 287.67   on 199   degrees of freedom
Residual deviance: 189.45   on 196   degrees of freedom
AIC: 373.5
Number of Fisher Scoring iterations: 6
```

卡方检验的 p 值

```
> 1 -pchisq(287.67 - 189.45,df=199 - 196)
[1] 0
```

伪 R^2 计算

```
> library(MuMIn)
> r.squaredLR(fit_1)
[1] 0.38806
attr(,"adj.r.squared")
[1] 0.43041
```

基于似然比检验的方差分析

```
>anova(fit_0,fit_1,test="LRT")
Analysis of Deviance Table

Model 1: num_awards ~1
Model 2: num_awards ~ prog + math
  Resid. Df Resid. Dev Df Deviance Pr(>Chi)
```

```
1       199     288
2       196     189 3      98.2    <2e-16 ***
```

拟合图

```
> library(ggplot2)
> library(ggsci)

>pdata $ hat<-as. numeric(fit_1 $ fitted. values)
>ggplot(pdata,aes(x=math,y=hat,colour=prog))+
+       geom_point(aes(y=num_awards),position=position_jitter(h=.2))+
+       geom_line(size=1)+
+       labs(x="math",y="Expected numbers of award")+
+       theme(legend. position=c(0.12,0.72))+
+       scale_color_aaas()
```

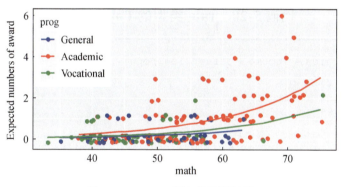

图5-13　Poisson 回归的预测结果

与 Logistic 回归中的 OR 值类似，Poisson 回归中原始拟合系数的指数值称为 incidence rate ratios。例如，在本例中，对于 prog = Academic 来说，其大小为 exp（1.084）= 2.96，表明在 math 取相同值的情况下，参加 Academic 项目的平均获奖次数是参加 General 项目的 2.96 倍。

这里需要额外说明的是，Poisson 分布的期望与方差是相同的，当计数型的因变量样本的方差显著大于均值的时候，则称存在过度分散（over-dispersion）现象，这个时候需要使用更为一般化的负二项回归

（negative binomial regression）或者类 Poisson 回归（quasi-Poisson regression），这两种回归可能会产生更好的拟合结果。

在 Poisson 回归模型里，有时候需要考虑比率（rate）问题，这是因为有些时候计数的绝对大小是没有直接可比较的意义的。例如，当考虑地区发病人数的时候，往往需要顾及地区的背景人口总数（习惯性称为 exposure），而不是单纯的发病数（cases），这个时候因变量就由 cases 就变成 rate×exposure，分析的目的是建立解释变量与 rate 之间的线性作用关系，因此拟合方程就变为

$$\log(E(Y|X)) = \log(\text{exposure}) + \beta'X \tag{5-16}$$

在 R 语言里，通过在模型中引入 offset（log（exposure））这一项来实现上述模型的拟合。代码 5-20 展示了关于以组为单位调查的信用卡总数 cards 与组内的平均收入 income 和组的人数 popu 之间的 Poisson 回归模型的建立，拟合结果如图 5-14 所示。

代码 5-20 rate 类型的 Poisson 回归

```
> fit<-glm(cards ~ income + offset(log(popu)),family="poisson")
> summary(fit)

Call:
glm(formula=cards ~ income + offset(log(popu)),family="poisson")

Deviance Residuals:
    Min      1Q   Median       3Q      Max
-1.6907  -0.9329  -0.5675   0.2186   2.1681

Coefficients:
              Estimate  Std. Error  z value  Pr(>|z|)
(Intercept)  -2.386586    0.399655   -5.972  2.35e-09 ***
income        0.020758    0.005165    4.019  5.84e-05 ***
---
Signif. codes:  0 '***'  0.001 '**'  0.01 '*'  0.05 '.'  0.1 ' '  1
```

(Dispersion parameter for poisson family taken to be 1)

    Null deviance: 42.078 on 30 degrees of freedom
Residual deviance: 28.465 on 29 degrees of freedom
AIC: 67.604

##拟合图
> library(ggplot2)

```
> pd $ fitted<-as. numeric(fitted(fit))
>ggplot(pd,aes(x=income,y=fitted))+
+    geom_point(aes(y=cards),position=position_jitter(h=.2),
+      colour="chocolate2",size=2.0,shape=16)+
+    geom_line(size=1.0,colour=' darkorchid2' )+
+    labs(x="Incomes",y="Cards")+
+    theme(legend.position="none")
```

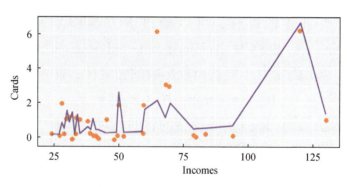

图 5-14　Poisson 回归的预测结果

就如前面曾经提到的，无论是 Logistic 模型还是 Poisson 模型，都是 GLM 的一种。GLM 是根据与数据类型有关的因变量 Y 残差分布的不同，利用不同的连接函数（link function）g 建立与解释变量 X 线性组合的定量关系，通用的表达为

$$g(E(Y))=\beta_0+\beta'X+\varepsilon \tag{5-17}$$

实际中可能用到的几种情况包括：对于 Normal 分布来说，g 为 identity 函数；对 Poisson 分布来说，g 为 log 函数；对于 Gamma 和 Exponential 分布来说，g 为 inverse 函数；对于 Bernoulli、Binomial、Categorical 和 Multinomial 分布来说，g 为 Logit 函数。具体的含义请参考相关材料，在 R 语言里，GLM 的拟合方式都是一样的，只是需要根据具体情况来指定对应的 family（指的是上述的分布）和 link 参数。

Poisson 回归还可以用于列联表数据的拟合，此时更常见的叫法为 log-linear model。在这里以最简单的 two-way table（2×2 table）为例进行说明。图 5-15 展示的是由 Y 和 Z 因素共同构成的 2×2 列联表。

频率	$Z=1$	$Z=2$	Total		概率	$Z=1$	$Z=2$	Total
$Y=1$	n_{11}	n_{12}	n_{1+}		$Y=1$	π_{11}	π_{12}	π_{1+}
$Y=2$	n_{21}	n_{22}	n_{2+}		$Y=2$	π_{21}	π_{22}	π_{2+}
Total	n_{+1}	n_{+2}	n_{++}		Total	π_{+1}	π_{+2}	$\pi_{++}=1$

图 5-15　一个典型的 2×2 列联表

如前面所讲述的那样，可以通过卡方检验 χ^2 或者 G^2 统计量（deviance statistic，也称为 likelihood-ratio chi-squared test statistic）统计来检验 Z 和 Y 因素对于频数出现影响的独立性，即

$$H_0：\pi_{ij}=\pi_{ij}\pi_{ij}；H_1：\pi_{ij}\neq\pi_{ij}\pi_{ij} \tag{5-18}$$

进一步地，建立 log-linear 模型的目的是对列联表中 n_{ij} 的期望 μ_{ij} 在 Y 和 Z 因素的影响下进行预测，即 $\mu_{ij}=n\times\pi_{ij}\sim$ Poisson（μ_{ij}）。对于计数型数据，考虑 Z 和 Y 相关下的饱和预测模型（saturated model，即包含 Z 和 Y 的交互项）可以表达为

$$\log(\mu_{ij})=\lambda+\lambda_i^Y+\lambda_j^Z+\lambda_{ij}^{YZ} \tag{5-19}$$

式中，λ 为常数项，其余的项为对应 Y、Z 因素的作用。为了避免过度参数化（overparametrization）问题，进一步限制 $\sum \lambda_i = \sum \lambda_j = \sum \sum \lambda_{ij} = 0$。对应地，一个独立模型（independence model）则是上面表达中去掉交互项，即 Z 和 Y 因素对于 μ_{ij} 的作用是相互独立的。具

体的建模过程和拟合结果如代码 5-21 所示。

代码 5-21　列联表的 log-linear 回归

```
## 2×2 table
> M <- as.table(rbind(c(207,282),c(231,242)))
>dimnames(M)<-list(Gender=c("Men","Women"),Pref.=c("Cat","Dog"))
> M
          Pref.
Gender   Cat  Dog
  Men    207  282
  Women  231  242

## 饱和模型
>coef(MASS::loglm(~Gender * Pref.,data=M))
$`(Intercept)`
[1] 5.476495


$Gender
       Men      Women
0.01081761 -0.01081761
$Pref.
        Cat        Dog
-0.08892707  0.08892707


$Gender.Pref.
        Pref.
Gender        Cat        Dog
  Men    -0.06566707  0.06566707
  Women   0.06566707 -0.06566707

## 独立模型
>coef(MASS::loglm(~Gender + Pref.,data=M))
$`(Intercept)`
[1] 5.47857
```

```
$ Gender
       Men        Women
0.01663355 -0.01663355
$ Pref.
        Cat         Dog
-0.08963639  0.08963639
> fitted(MASS::loglm(~Gender + Pref.,data=M))
Re-fitting to get fitted values
        Pref.
Gender    Cat       Dog
   Men   222.6424  266.3576
   Women 215.3576  257.6424
```

根据上面的独立模型的拟合结果，对于 μ_{12}（即男生喜欢狗的数量）的预测值为 exp（5.478+0.0166+0.089）= 266.35，其他的预测计算是类似的。饱和模型的预测是完全拟合的（即预测值与观测值是一样的）。

5.2.3　Beta 回归

当因变量是比率、百分比或者某些取值范围落在 0～1 的指标类型时，一种处理方式就如前面论述的那样，采用 Logit 变换后进行回归分析。然而，更好的处理方式是使用类二项回归和 Beta 回归模型，这里主要介绍 Beta 回归方法，需要注意的是不要和前面讲到的 Beta 系数混淆了。顾名思义，Beta 回归是基于定义域在 [0，1] 的 Beta 分布。Cribari-Neto 和 Zeileis（2010）通过将 Beta 分布的两个参数重新改写的形式，建立了 Beta 回归的基本方程：

$$y \sim B(\mu,\phi),0<\mu<1,\phi>0 \tag{5-20}$$

$$E(y)=\mu, \mathrm{Var}(y)=\mu(1-\mu)/(1+\phi) \tag{5-21}$$

式中，ϕ 为 precision 参数，其倒数为 dispersion 参数，即给定 μ 的情况

下，越大的 ϕ 值意味着相对小的 y 的变异性。Beta 回归就是对 μ 和 ϕ 进行解释变量的广义线性建模：

$$g1(\mu) = \beta X \tag{5-22}$$

$$g2(\phi) = \gamma X \tag{5-23}$$

现有关于家庭收入 income、食品消费支出 food 和家庭人数 persons 的调查数据集，分析的目的是调查食品消费支出占家庭总收入比例与总收入和人数这两个解释变量之间的关系。显然，这里的因变量 I (food/income) 是一个比例数据，适用于 Beta 回归。从两个变量的散点图可以看出（图5-16），food 和 income 的比例是随着 income 的增加而下降，并且随着家庭人数的增加而上升。此外，这个比例随着 persons 的增大其分布的分散程度好像也在增大，因此将解释变量 Persons 引入到对 ϕ 的拟合中，具体的分析操作和拟合结果如代码5-22 所示。

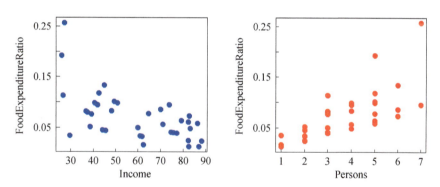

图 5-16　食品消费支出占比与总收入和家庭规模的关系

代码 5-22　Beta 回归

```
> library(betareg)
> data(FoodExpenditure)

## Beta 回归
> fit <-betareg(I(food/income) ~ income + persons |persons,link =
+ "logit",data=FoodExpenditure)
```

```
> summary(fit)
```

```
Call:
betareg(formula=I(food/income) ~ income + persons | persons,data=FoodEx-
penditure,link="logit")
```

```
Standardized weighted residuals 2:
    Min      1Q  Median      3Q     Max
-2.8660 -0.7478  0.3549  0.7825  1.8947
```

```
Coefficients (mean model with logit link):
               Estimate   Std. Error   z value   Pr(>|z|)
(Intercept)   -0.783082    0.177708    -4.407    1.05e-05  ***
income        -0.008217    0.002411    -3.409    0.000653  ***
persons        0.092554    0.034821     2.658    0.007862  **
```

```
Phi coefficients (precision model with log link):
               Estimate   Std. Error   z value   Pr(>|z|)
(Intercept)     5.5043      0.5334     10.320    <2e-16   ***
persons        -0.4835      0.1335     -3.623    0.000291 ***
---
Signif. codes:  0 '***'  0.001 '**'  0.01 '*'  0.05 '.'0.1''1
```

```
Type of estimator: ML (maximum likelihood)
Log-likelihood: 49.18 on 5 Df
Pseudo R-squared: 0.3852
Number of iterations: 20 (BFGS)+1(Fisher scoring)
```

在这个例子的代码中，I（food/income）指定了二者的比值作为响应变量，link＝"logit"指定了广义 g1 函数的变换形式，|persons 表明将解释变量引入对 ϕ 的对数线性拟合中。根据运行代码的输出结果，对应的拟合方程可以写成

$$E\left(y=\frac{\text{food}}{\text{income}}\right)=\frac{1}{1+e^{-(-0.78-0.0082\times\text{income}+0.09\times\text{persons})}} \tag{5-24}$$

$$\text{Dispersion}\left(y=\frac{\text{food}}{\text{income}}\right)=\frac{1}{e^{5.50-0.48\times\text{persons}}} \tag{5-25}$$

至于回归结果其他方面，则与前文讲到的其他类似形式回归的分析方式是一样。

5.3　小　　结

回归分析的方法和模型有很多，这里介绍了其中最为基础的几种常用类型，主要是依据因变量类型的不同进行区分。回归模型的解释、评估和诊断也涉及很多方面，对其进行系统性地了解和掌握对于回归方法的正确使用是非常必要的。

| 第 6 章 |　回归分析 II

本章是在第 5 章回归分析的基础上，介绍三类用于处理分组和时空数据的系列回归建模方法，包括线性混合效应模型（linear mixed-effects models，LMM）和非线性混合效应模型、地理加权回归（geographically weighted regression，GWR）和空间自回归（spatial autoregressive，SAR）在内的空间回归模型、时空面板回归和 INLA（integrated nested laplace approximation）在内的典型时空回归分析模型。

6.1　混合效应模型

6.1.1　线性混合效应模型

线性混合效应模型是线性回归模型在分组数据上建模的扩展。混合模型通常包含两个部分，即固定效应（fixed effects）和随机效应（random effects）。其中固定效应为一般意义上的解释变量 X 的线性组合部分，而随机效应通常与分组变量 Z 相关。在某些情况下，线性混合效应模型也称为多水平模型（multilevel models）或者分层模型（hierarchical models）。显然，这里的主要目的并不是区别这些叫法之间的差异性，而是如何在研究问题中使用这一类回归模型。线性混合效应模型的一般表达为

$$\hat{Y} = X\beta(\,\text{i. e. fixed}\,) + Zb(\,\text{i. e. random}\,) + \epsilon(\,\text{error}\,) \tag{6-1}$$

线性混合效应模型有很多种建模方式，常用的两种为随机截距模

型（random intercepts models）和随机斜率模型（random slopes models）。随机截距模型是指由于分组的不同而产生的截距偏移，随机斜率模型是指解释变量的系数可以随着分组的不同而不同。在实际应用中，这两种方式既可以单独使用，也可以联合使用。当然，还有其他更为复杂的情况，如方差成分模型（variance components models）等。在这里，借助多水平下的随机截距模型和随机斜率模型来说明线性混合效应模型构建的基本思路。假设有样本量为 n 的观测数据，来自 M 个不同的组（或者区域、时间段等，这里统称为组），包含了一个解释变量 x 和因变量 y，使用下标 im 表示来自第 m 组（the grouping level）第 i 个（the first level）观测数据，那么对于数值型的两个水平的变截距拟合方程可以表达为

$$\widehat{y_{im}} = \beta_{00} + \beta_{10}x_{im} + b_{0m} + \epsilon_{im} \tag{6-2}$$

变斜率拟合方程可以表达为

$$\widehat{y_{im}} = \beta_{00} + \beta_{10}x_{im} + b_{1m}x_{im} + \epsilon_{im} \tag{6-3}$$

变截距和变斜率的拟合方程可以表达为

$$\widehat{y_{im}} = \beta_{00} + \beta_{10}x_{im} + b_{0m} + b_{1m}x_{im} + \epsilon_{im} \tag{6-4}$$

在式（6-2）~ 式（6-4）中，均假定系数和残差满足 $N(0, \sigma^2)$ 分布。β 表示固定效应系数；b 表示随机效应系数；β_0 表示唯一截距；β_{00} 表示不随分组变化的截距；b_{0m} 表示随分组变化的截距；β_1 表示唯一斜率；β_{10} 表示不随分组变化的斜率；b_{1m} 表示随分组变化的斜率。还可以增加多组效应以及组间的交互效应等，需要根据研究问题的特点和需求来具体设计使用。一般的多元线性回归也可以完成上述形式的拟合，但主要的限制在于残差不独立，即不同组间可能存在系统偏差，很难区分组内和组间效应以及嵌入式（nested）效应。此外，当因变量 Y 是二值或者计数类型的时候，对其进行变换，就变成广义混合效应模型（generalized linear mixed-effects models，GLMM），其原理与 LMM 是一致的。

下面结合因变量是二值情况的例子来说明线性混合效应模型的建立和分析，这样的模型也称为多水平 Logistic 回归（multilevel logistic regression）。建模的用例来自 Sommet 和 Morselli （2017） 发表在 *International Review of Social Psychology* 上的论文，是关于混合效应下多水平 Logistic 回归的典型实例。数据包含来自 100 个不同班级的 2000 个小学生的 4 个变量：是否有 Bieber 的唱片 bieb （二值型），相对成绩值 gpas （实数型），所在班级编号 clas （标签），所在班级的老师是否是 Bieber 粉丝 teaf （二值型）。将 bieb 看作因变量，来建立其与其他解释变量的关系。需要指出的是，在实际问题研究中，回归建模的一个主要目标是寻找最优的或者是对响应变量的变化解释程度最大的模型。而这里主要是通过例子来说明如何创建不同类型的混合效应模型。

在本例的 Logistic 回归中，预测的因变量为 bieb = yes 和 bieb = no 的概率比值 （称为 odds ratio） 的自然对数，因此可以记作 logit （odds），也被称作条件概率的 Logit 值。此外，小学生个体可以看作 level 1，而所在的班级可以看作 level 2。首先，建立一个空模型 TN_1，来看一下 Logit （odds） 的平均情况：

$$\text{Logit}(\text{odds}) = \beta_0 \tag{6-5}$$

代码 6-1 展示了具体的回归操作和对应的结果。从拟合结果中可以看出，拟合的唯一截距系数 = 0.062，其大小的含义是：在所有的学生中，平均有 Bieber 的唱片的概率是没有唱片概率的 exp （0.062） = 1.06 倍。

代码 6-1 空 Logistic 模型

```
## 查看部分数据
> head(pdata)
   clas  gpas  teaf  bieb
1    1  0.0225  no    1
2    1  1.0225  no    0
3    1  1.0225  no    0
4    1  1.0225  no    1
5    1  0.0225  no    1
6    1  1.0225  no    0
```

数据情况汇总

```
> summary(pdata)
       clas         gpas           teaf       bieb
100   : 30   Min.   :-0.9775   no :1170   0: 969
47    : 24   1st Qu.:-0.9775   yes: 830   1:1031
5     : 23   Median : 0.0225
18    : 23   Mean   : 0.0000
25    : 23   3rd Qu.: 1.0225
43    : 23   Max.   : 2.0225
(Other):1854
```

空模型

```
> TN_1 <- glm(bieb ~1,family="binomial")
> summary(TN_1)

Call:
glm(formula =bieb ~1,family="binomial")

Deviance Residuals:
  Min      1Q  Median      3Q      Max
-1.204  -1.204   1.151   1.151   1.151

Coefficients:
            Estimate  Std. Error  z value  Pr(>|z|)
(Intercept) 0.06202    0.04474     1.386    0.166

(Dispersion parameter for binomial family taken to be 1)

    Null deviance: 2770.7  on 1999  degrees of freedom
Residual deviance: 2770.7  on 1999  degrees of freedom
```

将 class 看作随机效应变量，构建一个变截距模型 TN_2，这个模型考虑学生个体水平拥有唱片的概率可能会随着班级水平的不同而有

差异，回归表达式为

$$\text{Logit}(odds) = \beta_{00} + b_{0j} | \text{clas}_j \tag{6-6}$$

进一步地，在 TN_2 模型的基础上，将解释变量 gpas 作为固定效应加入模型，建立包含固定效应和随机效应的变截距模型 TN_3，对应的回归表达式为

$$\text{Logit}(odds) = \beta_{00} + \beta_{10} \times \text{gpas} + b_{0j} | \text{clas}_j \tag{6-7}$$

在 R 语言的实现方面，广义混合效应模型的拟合采用 lme4 包的 glmer 函数来完成，上述两个模型的拟合操作和结果如代码 6-2 所示。此外，通过 insight：：get_variance 函数可以获得 TN_3 模型的各成分方差估计。两个混合效应模型的结果对比如图 6-1 所示。

代码 6-2　随机效应模型拟合

```
> library(lme4)
> library(lmerTest)

## 变截距模型
> TN_2 <-glmer(bieb ~ (1 |clas),family="binomial")

## 变截距模型
> TN_3 <-glmer(bieb ~ gpas + (1 |clas),family="binomial")

## 获取 TN_3 方差
> insight::get_variance(TN_3)

$var.fixed
[1] 0.3072626

$var.random
[1] 1.502098

$var.residual
[1] 3.289868
```

```
$var.distribution
[1] 3.289868

$var.dispersion
[1] 0

$var.intercept
     clas
1.502098
```

结果列表

```
>sjPlot::tab_model(TN_2,TN_3,show.aic=TRUE)
```

Predictors	bieb Odds Ratios	CI	p	bieb Odds Ratios	CI	p
(Intercept)	1.11	0.87~1.41	0.405	1.13	0.87~1.47	0.362
gpas				1.87	1.62~2.17	<0.001
Random Effects						
σ^2	3.29			3.29		
τ_{00}	1.25$_{clas}$			1.50$_{clas}$		
ICC	0.28			0.31		
N	100$_{clas}$			100$_{clas}$		
Observations	2000			2000		
Marginal R^2/Conditional R^2	0.000/0.276			0.060/0.355		
AIC	2496.658			2423.671		

图 6-1　两个混合效应模型的结果对比

在图 6-1 所展示的结果中，σ^2 为剩余方差（residual variance），在混合效应模型中，剩余方差等于分布相关的方差 σ_d^2（distribution-specific variance）与 σ_e^2（variance for the additive overdispersion term）之和，σ_e^2 通常为 0。对于高斯模型来说，σ_d^2 为残差的标准偏差（residual standard deviation），对于 Logit 来说，其大小为常数 $\pi^2/3 \approx 3.29$。τ_{00} 为

随机效应方差（random effects variance），描述的是模型随机效应部分的方差。ICC（intraclass correlation coefficient）为组内相关系数，其计算值等于 $\tau_{00}/(\tau_{00}+\sigma^2)$。以上各方差的计算结果可以参考代码 6-2 所显示的内容。其中，var. fixed = 0.307 为固定效应部分的方差，计算为固定效应拟合值的方差；var. random = 1.502（即 τ_{00}）为随机效应部分的方差，计算为随机效应拟合值的方差。ICC 的一般含义是同一个组内两个随机指定对象之间期望的相关性。而对于混合效应模型来说，ICC 的数值大小更贴切地理解为"由总体的分组结构所解释的因变量方差的比例"。对于 TN_3 模型来说，ICC = 1.50/（3.29 + 1.50）≈ 0.31，表明拥有唱片概率的变异性的 31% 可以由班级之间的差异性来解释。因此，在回归拟合分析中，班级的随机效应是不能被忽略的。此外，上面结果中的 Marginal R^2 仅仅考虑固定效应解释的部分，而 Conditional R^2 则是综合考虑固定效应和随机效应共同解释的部分。显然，对于 TN_3 的结果来说，Marginal R^2 = 0.307/（3.29 + 0.307 + 1.502）≈0.06，Conditional R^2 =（1.502+0.307）/（3.29+0.307+1.502）≈0.355。同时，AIC 的比较结果建议模型 TN_3 要优于模型 TN_2。

综合以上分析，最后建立一个带有相对复杂的分组结构的混合效应模型 TN_F，对应的拟合表达式为

$$\text{logit(odds)} = \beta_{00}+\beta_{10}\times\text{gpas}+\beta_{01}(\text{teaf}=\text{yes})$$
$$+b_{0j}\,|\,\text{clas}_j+\beta_{1j}\times\text{gpas}\,|\,\text{clas}_j+\beta_{11}\times\text{gpas}(\text{teaf}=\text{yes}) \qquad (6\text{-}8)$$

上述模型的具体实现操作和运行结果如代码 6-3 所示。从拟合结果中可以看出，TN_F 模型里解释项包含了 gpas 作为固定效应，在其他因素控制不变的情况下（以下结论的论述相同），gpas 增加 1 个单位，OR（有唱片和没有的概率比）是原先的 1.26 倍；二值型的 teaf 作为固定效应，teaf = yes 的 OR 值是 teaf = no 的 7.78 倍，这也说明了老师对于学生的潜在影响；交互项 gpas：teaf 作为固定效应，teaf = yes 相对于 teaf = no 时，gpas 增加 1 个单位，OR 会上升 2.91；clas 作为独立的随机效应，其对于个体水平 OR 的影响为 0.22 ~ 4.78（小于 1 为降低），体现了班级水平的差异性；gpas 的效应随着班级水平的不同也会

有所改变，无截距的（0 + gpas｜clas）作为变斜率的随机效应，它对于 gaps 影响的 OR 的改变为 0.63 ~ 1.84。至于拟合结果的其他方面的分析，与上述 TN_3 模型的解读是一样的，但这里的目的并不是寻找针对例子问题最优化的模型。在具体应用的时候，如何设计优化的、具有最大解释能力的并且具有对应问题背景意义的混合效应结构，才是需要认真考虑的问题。图 6-2 是两张解释变量的效应图，一张独立考虑 gpas，另一张联合考虑 teaf 和 gpas，其中的差异性是十分明显的。表 6-1 列出了常用的几种线性混合效应模型的 R 语言语法结构和对应的含义解释。

代码 6-3　多水平混合效应模型

```
## 变截距变斜率混合模型
> TN_F <-lme4::glmer(
+     bieb ~ gpas + teaf + (1 |clas)+ (0 + gpas |clas)+ gpas:teaf,
+     family="binomial")

> summary(TN_F)
Generalized linear mixed model fit by maximum likelihood (Laplace
  Approximation)[glmerMod]
Family: binomial  ( logit )
Formula:bieb ~ gpas + teaf + (1 |clas)+ (0 + gpas |clas)+ gpas:teaf

    AIC     BIC   logLik deviance df. resid
  2307.5  2341.1  -1147.7  2295.5    1994

Scaled residuals:
    Min     1Q  Median    3Q    Max
-3.1692 -0.6669  0.1671  0.7580  2.3626

Random effects:
Groups Name       Variance Std. Dev.
clas   (Intercept)0.5482   0.7404
```

```
clas.1 gpas        0.2266   0.4761
Number of obs:2000,groups:clas,100


Fixed effects:
              Estimate  Std. Error   z value   Pr(>|z|)
(Intercept)   -0.5678    0.1246      -4.558    5.16e-06   ***
gpas           0.2272    0.1155       1.966    0.0493     *
teafyes        2.0515    0.2028      10.114    <2e-16     ***
gpas:teafyes   1.0689    0.1938       5.516    3.47e-08   ***
---
Signif. codes:  0 '***'  0.001 '* *'  0.01 '*'  0.05 '.'  0.1 ' '   1
```

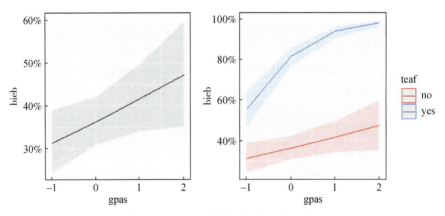

图 6-2　TN_F 模型的解释变量效应

表 6-1　几种典型线性混合效应模型结构与含义

表达	含义
(1 | group)	组间随机截距
(x | group)	x 在组间随机斜率与截距
(0+x | group)	x 在组间随机斜率
(1 | group) + (0+x | group)	独立的组间随机截距与 x 随机斜率
(1 | site/block)	block 嵌入在 site 的随机截距
site+ (1 | site : block)	固定的 site 效应与 block 嵌入 site 的随机截距
(x | site/block)	block 嵌入 site 的随机截距与 x 随机斜率
(x_1 | site) + (x_2 | block)	block 与 site 独立的 x_1 和 x_2 随机截距与斜率

6.1.2　广义可加混合效应模型

在面临具体研究问题的时候，响应变量与解释变量之间的关系不总是线性的，类似于二次项或者对数形式的关系通常都可以在线性回归或者广义线性回归中得到很好的处理。而当面对更复杂情形的时候，需要借助广义可加模型（generalized additive model，GAM）。GAM 可以认为是 GLM 的扩展，它假定因变量的平均响应是系列解释变量在非线性连接函数作用下的加性和，GAM 的一般表达为

$$E(Y) = s_0 + s_1(X_1) + s_2(X_2) + \cdots + s_p(X_p) + \epsilon \qquad (6\text{-}9)$$

式中，s 为平滑函数，如常用的各种类型的样条（spline）函数。GAM 不仅可以用于满足高斯分布的响应变量，还可以应用于二项分布、泊松分布以及其他指数分布族的响应变量。GAM 的主要目的是帮助理解变量之间的非线性作用关系。如果在上面的模型中引入随机效应，就成为广义可加混合效应模型（generalized additive mixed models，GAMM）。下面结合一个例子来说明 GAMM 模型的基本用法。

R 语言 agridat 包里面的 lasrosas.corn 数据集记录了 1999 年和 2001 年在不同氮肥措施 nf、地形因子 topo 和不同有机物 bv 条件下玉米产量 yield 的实验数据。图 6-3 展示了 yield 与 bv 之间的非线性关系以及随着其他变量分组之间的变化情况。

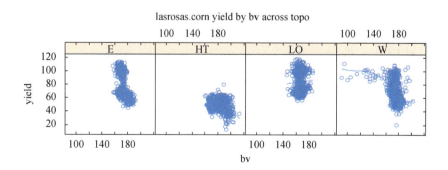

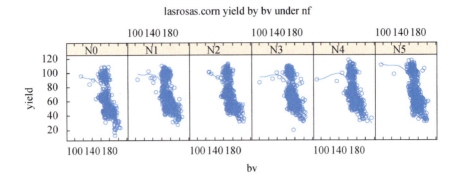

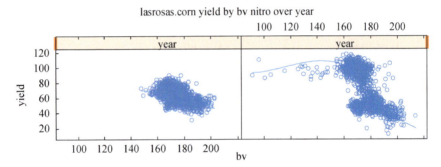

图 6-3　不同的 topo（上）、nf（中）和 year（下）条件下 yield 与 bv 的关系

　　根据图 6-3 的变量之间关系，在研究 bv 对 yield 影响的时候，建立两个模型 fit_g1 和 fit_g2：fit_g1 是将 yield 看作 bv 的立方样条函数，fit_g2 是在 fig_g1 的基础上，将 nf 和 topo 看作线性固定效应，将 year 看作随机效应。详细的建模操作和结果输出如代码 6-4 和图 6-4 所示。在拟合代码中，参数 bs = cr 代表使用立方样条，k 为样条节点数，通常经验性地认为取值为 3 ~ 5 是合适的。

代码 6-4　广义可加混合效应模型

```
> library(agridat)

> library(mgcv)

> library(ggplot2)
```

```
> dat <- subset(lasrosas.corn,select=c(year,yield,nf,topo,bv))
> attach(dat)
```

GAM 拟合
```
> fit_g1 <-gamm(yield~s(bv,bs=' cr' ,k=4))
> summary(fit_g1 $ gam)
Family: gaussian
Link function: identity
```

```
Formula:
yield~s(bv,bs="cr",k=4)
```

```
Parametric coefficients:
            Estimate Std. Error t value Pr(>|t|)
(Intercept) 69.8283    0.2725   256.2   <2e-16 ***
---
Signif. codes: 0 '***' 0.001 '* *' 0.01 '*' 0.05 '.' 0.1 ' ' 1
```

```
Approximate significance of smooth terms:
        edf Ref.df    F     p-value
s(bv)2.966 2.966 630.5  <2e-16 ***
---
Signif. codes: 0'***' 0.001 '* *' 0.01 '*' 0.05 '.' 0.1 ' ' 1
R-sq.(adj)=  0.35
  Scale est. =255.61   n=3443
```

GAMM 拟合
```
> fit_g2 <-gamm(yield~nf + topo +
+    s(bv,bs='cr' ,k=4),random=list(year= ~1))
> summary(fit_g2 $ gam)
```

```
Family: gaussian
Link function: identity
```

Formula:

yield ~ nf + topo + s(bv,bs="cr",k=4)

Parametric coefficients:

	Estimate	Std. Error	t value	Pr(>|t|)	
(Intercept)	72.8441	4.2785	17.025	< 2e-16	***
nfN1	3.7207	0.7292	5.102	3.54e-07	***
nfN2	4.9655	0.7311	6.792	1.30e-11	***
nfN3	5.3338	0.7300	7.307	3.39e-13	***
nfN4	7.3787	0.7308	10.097	< 2e-16	***
nfN5	7.6623	0.7302	10.493	< 2e-16	***
topoHT	-24.2357	0.7342	-33.011	< 2e-16	***
topoLO	2.6747	0.6563	4.075	4.70e-05	***
topoW	-9.7836	0.6127	-15.968	< 2e-16	***

Signif. codes: 0 '***' 0.001 '**' 0.01 '*' 0.05 '.' 0.1 ' ' 1

Approximate significance of smooth terms:

	edf	Ref.df	F	p-value	
s(bv)	2.884	2.884	146.7	<2e-16	***

Signif. codes: 0 '***' 0.001 '**' 0.01 '*' 0.05 '.' 0.1 ' ' 1

R-sq.(adj) = 0.52

Scale est. =152.44   n=3443

拟合图

```
>sjPlot::plot_model(fit_g2,type="pred",terms=c('bv','topo','nf'),
+ show.data=TRUE,dot.size=1) + theme_bw()
```

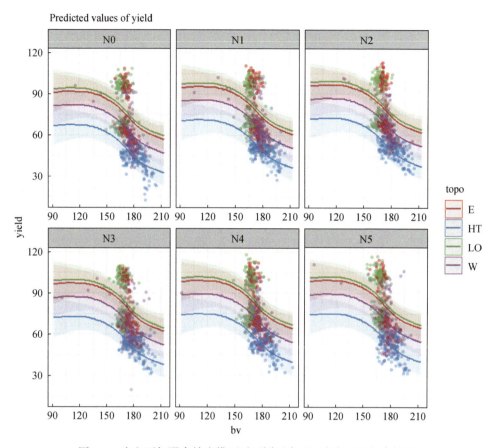

图6-4 广义可加混合效应模型对不同因素下玉米产量的拟合结果

6.2 空间回归模型

6.2.1 地理加权回归

GWR 是全局回归（也称 pooled regression，就如前面讲到的多元线性回归）的局部版本。确切来说，GWR 是在统一的定量关系表达形式下，拟合解释变量与因变量的局部关系（即动态的变量拟合系数）。GWR 主要考虑的是变量空间分布的非平稳问题（nonstationary）以及影响作用的拓扑相关性（topology）。由控制因子的差异所导致的变量区域变异性会产生异方差问题，即变量的空间分布是非平稳的。同时，区域之间拓扑关系的存在也会导致邻居作用产生，即某个区域的因变量也会对邻居解释变量产生定量响应。GWR主要就是针对上述问题，在整体回归拟合的基础上进行局部化的分解，其一般的表达形式为

$$E(Y(g)) = \beta_0(g) + \beta_1(g)X_1 + \beta_2(g)X_2 + \cdots + \beta_n(g)X_n + \epsilon(g)$$

$$(6-10)$$

式中，g 为空间对象或者位置。上述方程的参数估算是基于邻居单元的样本数据，并引入权重矩阵 $W(g)$ 来定量邻居解释变量作用的大小：

$$\hat{\beta} = (X^{\mathrm{T}}W(g)X)^{-1}X^{\mathrm{T}}W(g)Y \qquad (6-11)$$

$W(g)$ 主要由两个方面来决定，一个是核函数（kernal function）的选择，它刻画了权重随着距离的变化形式，常用的包括高斯函数、Exponential 函数、Bisquare 函数、Tricube 函数等，通常情况下权重是随着距离衰减的；另一个是带宽（band width），它决定了权重随距离衰减的幅度。例如，对于相距为 d_{ij} 的 i 和 j 两个空间对象，带宽为 γ 的 Bisquare 核函数距离权重 w_{ij} 可以表示为

$$w_{ij} = (1 - d_{ij}^2/\gamma^2)^2 \qquad (6-12)$$

至于带宽的确定，常有固定带宽以及利用交叉验证来选择优化带宽两种方式，常用的交叉验证是通过最小化观测值和拟合值之差的平方和来实现。

下面结合哥伦布地区的入室盗窃和偷车每千户发案率 CRIME 与家庭收入 INC 和房屋价值 HOVAL 之间的关系（图6-5）来说明 GWR 的建模应用。这里建立两个模型用于对比，包括全局版本的多元线性回归模型 fit_ml 与局部版本的 GWR 模型 fit_gw，其中 fit_ml 的结果如代码6-5所示。

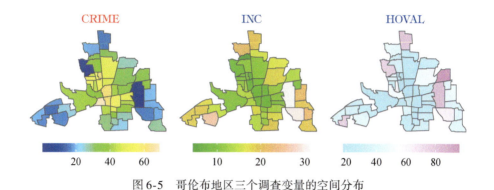

图 6-5　哥伦布地区三个调查变量的空间分布

代码 6-5　全局多元线性拟合

```
> library(spData)
> library(spdep)
> library(spgwr)

## 准备数据
> data(columbus,package="spData")

## 全局多元线性拟合
> fit_ml <- lm(CRIME ~ INC + HOVAL,data=columbus)
> summary(fit_ml)

Call:
lm(formula=CRIME ~ INC + HOVAL,data=columbus)

Residuals:
    Min      1Q  Median      3Q     Max
-34.418  -6.388  -1.580   9.052  28.649

Coefficients:
            Estimate  Std. Error  t value  Pr(>|t|)
(Intercept)  68.6190     4.7355    14.490   < 2e-16  ***
INC          -1.5973     0.3341    -4.780   1.83e-05 ***
```

```
HOVAL          -0.2739    0.1032    -2.654   0.0109 *
---
Signif. codes:  0 '*** '  0.001 '* *'  0.01 '*'  0.05 '.'  0.1 ''  1

Residual standard error: 11.43 on 46 degrees of freedom
Multiple R-squared: 0.5524,    Adjusted R-squared: 0.5329
F-statistic: 28.39 on 2 and 46 DF,  p-value: 9.341e-09
```

下面利用交叉验证的方法来确定优化的带宽大小，建立 GWR 回归模型，并通过方差分析来对两个模型进行比较，详细的操作和计算结果如代码6-6 和代码6-7 所示。

代码 6-6　GWR 回归

```
## 基于交叉验证的带宽选择
>gwr.sel(CRIME ~ INC + HOVAL,data=columbus,
+     coords=cbind(columbus $ X,columbus $ Y),gweight=gwr.Gauss)
[1] 2.27506


## GWR 回归
> fit_gw <-gwr(CRIME ~ INC + HOVAL,data=columbus,
+     coords=cbind(columbus $ X,columbus $ Y),
+     bandwidth=2.275,hatmatrix=TRUE,predict=TRUE)


## 查看拟合结果
> fit_gw
Call:
gwr(formula=CRIME ~ INC + HOVAL,data=columbus,coords=cbind(columbus $ X,
    columbus $ Y),bandwidth=2.275,hatmatrix=TRUE,predictions=TRUE)
Kernel function:gwr.Gauss
Fixed bandwidth: 2.275
Summary of GWR coefficient estimates at data points:
                Min.      1st Qu.    Median  3rd Qu.      Max.       Global
X.Intercept. 23.233132 54.124714 63.902637 68.756517 80.900838 68.6190
```

```
INC          -3.130740 -1.912894 -0.984372 -0.368554  1.291097   -1.5973
HOVAL        -1.052820 -0.376737 -0.097404 0.030067   0.794606   -0.2739
```

Number of data points: 49

Effective number of parameters (residual: 2traceS - traceS' S): 29.61702

Effective degrees of freedom (residual: 2traceS - traceS' S): 19.38298

Sigma (residual: 2traceS - traceS' S): 8.027418

Effective number of parameters (model: traceS): 23.92862

Effective degrees of freedom (model: traceS): 25.07138

Sigma (model: traceS): 7.058249

Sigma (ML): 5.048799

AICc (GWR p. 61,eq 2.33; p. 96,eq. 4.21): 403.6217

AIC (GWR p. 96,eq. 4.22): 321.6613

Residual sum of squares: 1249.028

Quasi-global R2: 0.907054

代码 6-7 GWR 模型的 ANOVA 与结果绘图

```
## 两个模型的方差分析
>anova(fit_ml)
Analysis of Variance Table


Response: CRIME
           Df  Sum Sq  Mean Sq  F value    Pr(>F)
INC        1   6502.0  6502.0   49.7254  7.625e-09  ***
HOVAL      1    921.3   921.3    7.0459  0.01087     *
Residuals 46   6014.9   130.8

---
Signif. codes:  0 '***'   0.001 '* *'   0.01 '*'   0.05 '.'   0.1 ' '   1
>anova(fit_gw)
Analysis of Variance Table
                    Df      Sum Sq   Mean Sq   F value
OLS Residuals       3.000   6014.9
GWR Improvement    26.617   4765.9   179.053
GWR Residuals      19.383   1249.0   64.439   2.7786
```

拟合系数绘图

```
> library(ggplot2)
> library(patchwork)
> library(sf)
```

读入对应的矢量数据

```
> file_path <- system.file("shapes/columbus.shp",package="spData")
> columbus_shp <- st_read(file_path)
> p1 =ggplot(columbus_shp)+
+geom_sf(aes(fill=fit_gw$SDF$INC))+
+   scale_fill_gradientn(colours=topo.colors(10))+
+   theme_void()+
+   theme(legend.position=' bottom' ,
+       legend.title=element_blank(),
+       legend.key.width=unit(0.8,' cm' ),
+       legend.key.height=unit(0.3,' cm' ))+
+labs(title="Coef. INC")+
+   theme(plot.title=element_text(size=10,hjust=0.5))

> p2 =ggplot(columbus_shp)+
+   geom_sf(aes(fill=fit_gw$SDF$HOVAL))+
+   scale_fill_gradientn(colours=topo.colors(10))+
+   theme_void()+
+   theme(legend.position=' bottom' ,
+       legend.title=element_blank(),
+       legend.key.width=unit(0.8,' cm' ),
+       legend.key.height=unit(0.3,' cm' ))+
+   labs(title="Coef. HOVAL")+
+   theme(plot.title=element_text(size=10,hjust=0.5))

> p1+p2
```

从代码6-7关于方差分析的结果可以看出，在 fit_ml 模型中，两个变量联合解释了 CRIME 方差的 55.24%，fit_gw 模型在此基础上进一步解释了 CRIME 方差的 35.46%。由此，可以简单得出 fit_gw 模型的 Pseudo-$R^2 = 0.907$。对于 fit_gw 模型的拟合结果来说，一个重要的应用是观测解释变量 INC 和 HOVAL 对 CRIME 影响（即拟合系数）的空间变化规律，绘图操作如代码 6-7 所示，结果如图 6-6 所示。

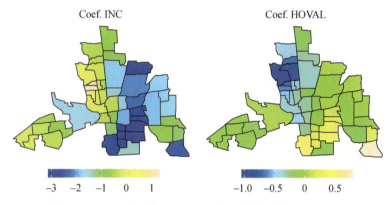

图 6-6　INC（左）与 HOVAL（右）拟合系数的空间分布

GWR 中的带宽实际上是控制了建模的尺度大小，对于最后的拟合模型来说，距离权重衰减的尺度是一样的，也就是说解释变量和因变量的局部关系是建立在同一个观测尺度上的。这样的处理方式存在一个缺点，那就是忽略了空间对象分布差异性和解释变量特征所带来的距离影响的变异性。最近提出的多尺度地理加权回归（multiscale geographically weighted regression，MGWR）模型针对这一问题进行了部分改进和提高，相关的建模操作和功能函数可以参考 R 语言的 mgwrsar 与 GWmodel 包。

6.2.2　空间自回归

SAR 模型是一个全局回归模型，可以看作多元线性回归模型在空间变量建模上的扩展。SAR 模型将邻居因变量的自相关效应作为解释变量线性组合的一部分来处理。按照处理方式的不同，基础的 SAR 模型主要有三种，包括 lag 模型、error 模型和 SAC（也称为 Kejejian-

Prucha）模型，它们的表达式分别为

$$y = \rho Wy + X\beta + \varepsilon \qquad\qquad (\text{lag})\ (6\text{-}13)$$

$$y = X\beta + u,\ u = \lambda Wu + \varepsilon \qquad (\text{error})\ (6\text{-}14)$$

$$y = \rho W_1 y + X\beta + u,\ u = \lambda W_2 u + \varepsilon \qquad (\text{SAC})\ (6\text{-}15)$$

式（6-13）~式（6-15）中，y 是因变量；X 为解释变量；ε 为残差；u 为空间自相关的残差；W_1 和 W_2 为空间权重矩阵；β、λ 和 ρ 为回归拟合系数。从式（6-13）~式（6-15）可以看出，lag 模型直接将自相关效应作为解释变量，error 模型在残差中处理自相关效应，而 SAC 模型则是二者的综合处理。针对 6.2.1 节中的建模实例，建立对应的空间自回归模型和结果，如代码6-8 所示。

代码6-8　空间自回归

```
> library(spData)
> library(spatialreg)
> data(columbus)

## 多元线性回归模型
> lm.mod<-lm(CRIME ~ HOVAL + INC,data=columbus)

## lag model
> lag.mod <-lagsarlm(CRIME ~ HOVAL + INC,data=columbus,
+ nb2listw(col.gal.nb))
> summary(lag.mod)
Type: lag
Coefficients: (asymptotic standard errors)
            Estimate    Std. Error   z value   Pr(>|z|)
(Intercept)46.851431    7.314754     6.4051    1.503e-10
HOVAL       -0.269997   0.090128    -2.9957    0.0027381
INC         -1.073533   0.310872    -3.4533    0.0005538

Rho: 0.40389,LR test value: 8.4179,p-value: 0.0037154
Asymptotic standard error: 0.12071
```

z-value: 3.3459,p-value: 0.00082027

Wald statistic: 11.195,p-value: 0.00082027

error model

```
> error.mod <-errorsarlm(CRIME ~ HOVAL + INC,data=columbus,
+ nb2listw(col.gal.nb))
> summary(error.mod)
```

Type: error

Coefficients: (asymptotic standard errors)

	Estimate	Std. Error	z value	Pr(>|z|)
(Intercept)	61.053619	5.314875	11.4873	< 2.2e-16
HOVAL	-0.307979	0.092584	-3.3265	0.0008794
INC	-0.995473	0.337025	-2.9537	0.0031398

Lambda: 0.52089,LR test value: 6.4441,p-value: 0.011132

Asymptotic standard error: 0.14129

z-value: 3.6868,p-value: 0.00022713

Wald statistic: 13.592,p-value: 0.00022713

SAC model

```
> sac.mod <-sacsarlm(CRIME ~ HOVAL + INC,data=columbus,
+   nb2listw(col.gal.nb))
> summary(sac.mod)
```


Type: sac

Coefficients: (asymptotic standard errors)

	Estimate	Std. Error	z value	Pr(>|z|)
(Intercept)	49.051431	10.054986	4.8783	1.07e-06
HOVAL	-0.283114	0.091526	-3.0933	0.001980
INC	-1.068781	0.332839	-3.2111	0.001322

Rho: 0.35326

Asymptotic standard error: 0.19669

z-value: 1.796,p-value: 0.072494

Lambda: 0.13199

Asymptotic standard error: 0.29905

 z-value: 0.44138,p-value: 0.65894

LR test value: 8.6082,p-value: 0.013513

  如代码6-9所示，通过 AIC 结果对比可以发现，对于这个建模实例来说，lag 模型的拟合效果较好。通过 Moran's *I* 测试发现，多元线性回归模型的残差有着显著的正的空间自相关关系（$z = 2.50$），而这一部分在 lag 模型中得到了很好的处理。通过计算 Pseudo-R^2，也可以说 lag 模型解释了 CRIME 方差的 61.4%，对比多元线性回归的 53.3% 有了显著的提高。

<h2 style="text-align:center">代码 6-9 空间自回归模型比较</h2>

```
## aic 比较
> AIC(lm.mod,lag.mod,error.mod,sac.mod)
          df    AIC
lm.mod    4    382.7545
lag.mod   5    376.3366
error.mod 5    378.3104
sac.mod   6    378.1463

## 残差的 Moran 检验
> moran.test(lm.mod $ residuals,nb2listw(col.gal.nb))


    Moran I test underrandomisation

data:  lm.mod $ residuals
weights: nb2listw(col.gal.nb)


Moran I statistic standard deviate=2.5027,p-value=0.006162
alternative hypothesis: greater
```

```
sample estimates:
Moran I statistic        Expectation            Variance
    0.212374153         -0.020833333         0.008682862


> moran. test (lag. mod $ residuals,nb2listw(col. gal. nb))


        Moran I test under randomisation
data:   lag. mod $ residuals
weights: nb2listw(col. gal. nb)


Moran I statistic standard deviate=0.55089,p-value=0.2909
alternative hypothesis: greater
sample estimates:
Moran I statistic        Expectation            Variance
    0.029376264         -0.020833333         0.008307072
```

Pseudo- R^2 计算
```
> 1-sigma(lag. mod)^2/var(columbus $ CRIME)
[1] 0.6143112
```

在 lag、error 和 SAC 模型的基础上，还有三种常见的空间自回归的扩展模型。有了前文的基础，这三种模型的表达含义和对应的建模方式就很容易理解了，具体的模型表达见表 6-2。

表 6-2   三种空间自回归模型的表达

名称	模型表达
spatailly-lagged X（SLX）model	$y = WX\gamma + X\beta + \varepsilon$
spatial Durbin model（SDM）	$y = \rho Wy + WX\gamma + X\beta + \varepsilon$
saptial Durbin error model（SDEM）	$y = WX\gamma + X\beta + u$ $u = \lambda Wu + \varepsilon$

在空间自回归分析中，有一种方式称为空间过滤（spatial filtering），即从线性模型中移除空间自相关的部分后，得到新的数据

再进行一般的回归分析。然而在数据量较大的情况下，该方法的计算成本较高。特别是在地理问题的研究中，与地理有关的分析如果移除空间自相关效应将失去一定的研究意义，因此该方法并不常用，也不推荐使用。

6.3 时空回归模型

6.3.1 空间面板固定效应模型

空间自变量 X 和因变量 Y 在时间上的观测序列构成了时空面板数据（panel data），也称为横断面时间序列数据（cross-sectional time-series data），即 (X_{rt}, Y_{rt})，$r = 1, \cdots, n$，$t = 1, \cdots, T$。面板数据的回归方式有很多种，既可以是混合了时空效应的 pooled 形式回归，也可以是根据时间与空间的维度来进行随机效应和固定效应选择的混合模型回归。如果在回归模型中考虑空间上的自相关（如 lag 模型），就构成了具有自相关成分的空间面板回归模型。带有固定效应的时空面板回归模型可以表达为

$$y_{rt} = \alpha_0 + \sum \beta_j \cdot x_{jrt} + \alpha_r + \alpha_t + \lambda \cdot SL(y_{rt}) + \sum \theta_j \cdot SL(x_{jrt}) + \varepsilon_{rt}$$

$$(6\text{-}16)$$

式中，α_0 为截距项；$\sum \beta_j \cdot x_{jrt}$ 为与时空无关的解释变量作用项；α_r 为空间固定效应项；α_t 为时间固定效应项；$\lambda \cdot SL(y_{rt})$ 为 Y 的空间自相关项；$\sum \theta_j \cdot SL(x_{jrt})$ 为邻居 X 的作用项，与前一项合称为 spatial lag effects。如果 $\alpha_r = 0$，式（6-16）则为时间固定效应模型，如果 $\alpha_t = 0$，式（6-16）则为空间固定效应模型，如果这两项都等于 0，并且时间固定，则称为 spatial Durbin model，即结合了 lag 和 SAC 模型。需要指出的是，这里并没有讲到随机效应回归问题，实际上可以利用类似于 Hausman 检验来判断研究数据是适合固定效应模型还是随机效应模型。

这里只考虑建立三个固定效应模型，即空间固定效应（individual）、时间固定效应（time）和时空固定效应（twoways）模型。在实际应用中，可以利用 Chow 检验和 F 检验来判断具体哪种固定效应模型更合适。

用于面板分析的 R 语言 plm 包提供的数据集 Produc 是一个典型的时空面板数据，它记录了美国 48 个州 1970～1986 年的几个社会经济指标，包括 gsp（gross state product）、pcap（public capital stock）、pc（private capital stock）和 emp（labor input measured）（使用的是对数值）。在这里选择 gsp 为因变量，其他为解释变量，并通过 splm 包提供的 slag 函数（计算的是邻居变量的权重均值）获取上述变量对应的 spatial lag 变量，即 gsp_ lag、pcap_ lag、pc_ lag 和 emp_ lag。数据的处理以及 gsp 的时空变化趋势如代码 6-10 和图 6-7 所示。

代码 6-10 空间面板数据处理

```
> library(plm)
> library(spdep)
> library(ggplot2)

## 准备数据
> data(Produc,package="plm")
> data(usaww,package="splm")
> pdata <- pdata. frame(Produc)
> pdata $ gsp <- log(Produc $ gsp)
> pdata $ pcap <- log(Produc $ pcap)
> pdata $ pc <- log(Produc $ pc)
> pdata $ emp <- log(Produc $ emp)

## 获取变量的 spatial lag 值,也就是邻居平均值
> pdata $ gsp_lag <- splm::slag(log(pdata $ gsp),listw=mat2listw(usaww))
> pdata $ pcap_lag <- splm::slag(log(pdata $ pcap),listw=mat2listw(usaww))
> pdata $ pc_lag <- splm::slag(log(pdata $ pc),listw=mat2listw(usaww))
```

```
> pdata $ emp_lag <- splm::slag(log(pdata $ emp),listw=mat2listw(usaww))
```

gsp 变化的时空趋势绘图

```
> ggplot(Produc,aes(x=year,y=log(gsp),colour=state))+
+     geom_point(aes(y=log(gsp)),position=position_jitter(h=0.2))+
+     geom_line(size=1)+
+     labs(x="Year",y="Log(GSP)")
```

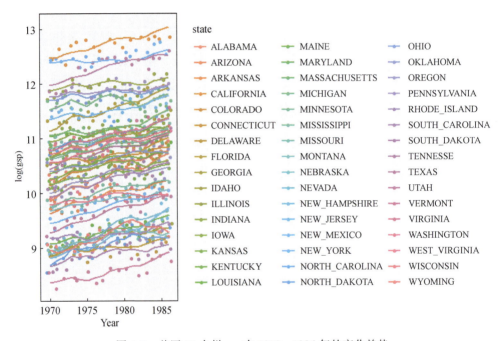

图 6-7　美国 48 个州 gsp 在 1970～1986 年的变化趋势

　　在分析时空面板数据的时候，以 pooled 方式进行拟合的多元线性模型的主要问题是其混合了时间和空间的整体特征，而忽略了可能存在个体空间异质性以及时间的异质性，有时会导致与经验和背景知识相悖的拟合结果。此外，因变量的空间自相关与邻居解释变量的影响作用对于空间问题的研究来说，常常也是需要重点考虑的内容。代码 6-11 展示了如何构建三种类型的固定效应模型，对应的拟合结果总结在图 6-8 中。

代码 6-11 空间面板固定效应模型拟合

```
## 基本拟合方程
> rform <- gsp ~ pcap + pc + emp + gsp_lag + pcap_lag + pc_lag + emp_lag

## 空间固定效应
> plm1 <-plm(rform,data=pdata,model="within",effect="individual")

## 时间固定效应
> plm2 <-plm(rform,data=pdata,model="within",effect="time")

## 时空固定效应
> plm3 <-plm(rform,data=pdata,model="within",effect="twoways")

## 结果汇总
> sjPlot::tab_model(plm1,plm2,plm3)
```

	gsp			gsp			gsp		
Predictors	Estimates	CI	*p*	Estimates	CI	*p*	Estimates	CI	*p*
pcap	–0.02	–0.07~0.03	0.549	0.14	0.10~0.17	<0.001	–0.02	–0.07~0.03	0.460
pc	0.16	0.11~0.21	<0.001	0.40	0.37~0.42	<0.001	0.16	0.11~0.21	<0.001
emp	0.76	0.70~0.81	<0.001	0.54	0.51~0.57	<0.001	0.76	0.70~0.81	<0.001
gsp lag	7.03	6.23~7.83	<0.001	6.19	5.12~7.27	<0.001	5.42	4.43~6.41	<0.001
pcap lag	–0.91	–1.68~ –0.13	0.021	0.05	–0.55~0.64	0.878	–1.01	–1.81~ –0.21	0.013
pc lag	–0.73	–1.48~ –0.03	0.059	–3.52	–3.99~–3.05	<0.001	–0.25	–1.26~0.75	0.619
emp lag	–3.03	–3.61~ –2.45	<0.001	–2.15	–2.65~ –1.66	<0.001	–2.28	–2.9~ –1.63	<0.001
Observations	816			816			816		
R^2/R^2 adjusted	0.959/0.956			0.994/0.994			0.792/0.772		

图 6-8 三个拟合模型的结果对比

从左到右依次为空间、时间和时空固定效应

在拟合函数 plm 中，model= “within” 表示采用固定效应，对于使用随机效应拟合来说，该参数则为 “random”，effect 参数分别指定了具体采用哪种固定效应的拟合方式。从结果中可以看出，三种固定效应模型还是有一定的差异性，特别是 pcap 变量。一般来说，很难通过某种定量指标或者检验方法的标准来选择最优的拟合模型，更重要的是要与实际问题的特点联系起来。例如，在本例中，gsp 可能会受到国家尺度上某种经济政策的影响，进而导致整体上的时间变异性，并且这种作用是没有被观测到的，如果存在这样的现象，那么时间固定效应的部分就是不可缺少的。如果某些未观测到的局部因素也对 gsp 产生影响，那么引入空间固定效应是合理的。代码 6-12 分别展示了对于时间和空间固定效应的拟合结果。正如上面所提到的，因变量在空间和时间上的变异部分需要与实际问题相结合来进行合理的解释，往往这也是决定拟合模型选择的主要基础。

代码 6-12　空间面板拟合结果查看

```
## 查看空间效应系数
> summary(fixef(plm1,effect="individual"))
```

	Estimate	Std. Error	t-value	Pr(>|t|)	
ALABAMA	-3.34580	0.67641	-4.9464	9.308e-07	***
ARIZONA	-3.28140	0.67366	-4.8710	1.351e-06	***
ARKANSAS	-3.44935	0.69185	-4.9857	7.652e-07	***
CALIFORNIA	-2.81836	0.63128	-4.4645	9.240e-06	***
COLORADO	-3.21783	0.66708	-4.8237	1.702e-06	***
CONNECTICUT	-3.18818	0.68179	-4.6762	3.458e-06	***
DELAWARE	-3.46831	0.71885	-4.8248	1.694e-06	***
FLORIDA	-3.11137	0.66239	-4.6972	3.130e-06	***
GEORGIA	-3.24202	0.66913	-4.8452	1.533e-06	***
IDAHO	-3.39709	0.68384	-4.9677	8.373e-07	***
ILLINOIS	-3.05269	0.65805	-4.6390	4.120e-06	***
INDIANA	-3.34976	0.68741	-4.8730	1.338e-06	***
IOWA	-3.23262	0.67663	-4.7775	2.130e-06	***
KANSAS	-3.24883	0.67373	-4.8221	1.716e-06	***
KENTUCKY	-3.22553	0.68344	-4.7196	2.813e-06	***
LOUISIANA	-2.96877	0.66416	-4.4700	9.013e-06	***
MAINE	-3.34135	0.65150	-5.1287	3.705e-07	***

```
MARYLAND         -3.17996    0.67046    -4.7429   2.515e-06 ***
MASSACHUSETTS    -3.14765    0.65162    -4.8305   1.647e-06 ***
MICHIGAN         -3.11118    0.67110    -4.6360   4.180e-06 ***
MINNESOTA        -3.16926    0.65709    -4.8232   1.707e-06 ***
MISSISSIPPI      -3.38455    0.68137    -4.9672   8.391e-07 ***
MISSOURI         -3.23003    0.67036    -4.8183   1.748e-06 ***
MONTANA          -3.31825    0.66439    -4.9944   7.323e-07 ***
NEBRASKA         -3.34592    0.67426    -4.9624   8.597e-07 ***
NEVADA           -3.37480    0.69039    -4.8882   1.241e-06 ***
NEW_HAMPSHIRE    -3.35254    0.67382    -4.9755   8.053e-07 ***
NEW_JERSEY       -3.12206    0.67870    -4.6001   4.946e-06 ***
NEW_MEXICO       -3.25408    0.68750    -4.7332   2.635e-06 ***
NEW_YORK         -2.95791    0.64851    -4.5611   5.930e-06 ***
NORTH_CAROLINA   -3.25557    0.66848    -4.8701   1.357e-06 ***
NORTH_DAKOTA     -3.27349    0.67924    -4.8193   1.739e-06 ***
......
```

查看时间效应系数

```
> summary(fixef(plm2,effect="time"))
      Estimate  Std. Error  t-value   Pr(>|t|)
1970  -1.00947   0.41762    -2.4172   0.01587 *
1971  -1.00861   0.41801    -2.4129   0.01605 *
1972  -1.00316   0.41863    -2.3963   0.01679 *
1973  -0.99632   0.41917    -2.3769   0.01770 *
1974  -1.01037   0.41782    -2.4182   0.01582 *
1975  -1.01944   0.41730    -2.4429   0.01479 *
1976  -1.01345   0.41766    -2.4265   0.01547 *
1977  -1.00931   0.41806    -2.4142   0.01599 *
1978  -1.00259   0.41854    -2.3955   0.01683 *
1979  -1.00330   0.41841    -2.3979   0.01672 *
1980  -1.01175   0.41780    -2.4216   0.01568 *
1981  -1.00751   0.41842    -2.4079   0.01627 *
1982  -1.01532   0.41795    -2.4293   0.01535 *
1983  -1.00865   0.41867    -2.4092   0.01621 *
```

1984	-0.99430	0.41988	-2.3681	0.01812 *
1985	-0.99009	0.42031	-2.3557	0.01873 *
1986	-0.98691	0.42081	-2.3453	0.01926 *

6.3.2 时空效应分解

简单线性回归、多元回归、空间自回归和时空面板回归等经典的统计分析方法有一个共同点，那就是模型的拟合完全依赖于样本数据。而贝叶斯模型则结合了研究问题的先验知识，可能会对提高样本信息利用的有效性以及模型的准确度有一定的帮助。在面向时空问题的研究中，基于高斯随机场的贝叶斯层次模型（Bayesian hierarchical models）由于可以有效地融合时间与空间效应，正在得到日益增长的关注和使用。特别是在替代马尔可夫链蒙特卡（Markov Chain Monte Carlo，MCMC）的高效率估算方法 INLA 提出后，相关的建模应用研究成果不断出现。在这里，结合新型冠状病毒肺炎（COVID-19）在中国市级尺度日病例数的时空特征分析来说明 INLA 方法在实际建模研究中的应用。

对于城市 s 在某一天 t 的发病人数变量 $Y_{s,t}$ 来说，可以认为其满足 Poisson 分布：

$$Y_{s,t} \sim \text{Poisson}(\rho_{s,t}, E) \tag{6-17}$$

式中，$\rho_{s,t}$ 为随着时间和空间变化的发病率；E 为潜在风险人数。与普通的 Poisson 回归类似，对 $\rho_{s,t}$ 进行线性时空建模的表达为

$$\log(\rho_{s,t}) = \beta_0 + \beta_1 X_{s,t} + u_s + v_s + \beta_2 t + v_t + v_{s,t} \tag{6-18}$$

式中，β_0 为全局尺度的截距，为 $\rho_{s,t}$ 的总体平均状况；$\beta_1 X_{s,t}$ 为空间协变量的固定效应项，本例中没有引入额外的解释变量，因此式（6-18）就成为对发病率的时空效应分解模型；u_s 为与空间自相关有关的结构化效应项，满足正态分布 $N(m_s, \sigma_s^2)$，在 INLA 中，该项是通过 BYM（Besag-York-Mollie）模型来实现的；$v_s \sim N(0, \sigma_v^2)$ 为局部随机效应

项；$\beta_2 t$ 为全局的时间结构效应项，$v_t \sim N\ (0,\ \sigma_t^2)$ 为全局的时间随机效应项，$v_{s,t} \sim N\ (0,\ \sigma_{s,t}^2)$ 为时空随机效应项，以上的随机效应项都假定符合高斯过程。

这一部分的建模实例数据记录了中国 366 个市级行政单元 2020 年 1 月 11 日 ~ 3 月 31 日共 81 天报告的每日新型冠状病毒肺炎病例数，数据可以从相关的网站上获取。用于 R–INLA 建模的数据组织形式如代码 6-13 所示。

代码 6-13　INLA 模型数据示例

```
> head(pd[,-c(3)])
       ID.city ID.city1 ID.day  ID.day1 ID.city.day  y1      E1
  1       1        1       1       1          1        0    0.650
  2       2        2       1       1          2        0    0.463
  3       3        3       1       1          3        0    0.321
  4       4        4       1       1          4        0    0.234
  5       5        5       1       1          5        0    0.092
  6       6        6       1       1          6        0    0.283
......
> tail(pd[,-c(3)])
        ID.city ID.city1 ID.day  ID.day1 ID.city.day  y1      E1
29641     361      361     81       81       29641      0     5.1
29642     362      362     81       81       29642      0    13.2
29643     363      363     81       81       29643      0     7.8
29644     364      364     81       81       29644      0    14.9
29645     365      365     81       81       29645      0     3.4
29646     366      366     81       81       29646    579  1790.0
```

本例中的样本数据一共有 $366 \times 81 = 29\ 646$ 条记录。如代码 6-13 所示，数据中的 y1 为每日报告的该市病例数；E1 为潜在风险人数，这里认为城市之间是比例均匀分布的，即将总病例数按照城市人口权重进行分配；ID.city 为城市 ID，使用数字 1 ~ 366 表示，代表空间维度的不同；ID. day 是日期的 ID，范围是 1 ~ 81，ID. day1 与 ID. day 相同，都是代表时间维度的不同，前者用于时间结构效应建模，后者用于时间随机效应建模；ID. city. day 为独立的 1 ~ 29 464 编号，用于时空随机效应的建模。对应式（6-15）的模型，不考虑其中的协变量效应项，INLA 模型的构建和运行如代码 6-14 所示。

代码 6-14　INLA 模型的建立

```
## 设定空间邻居数据
> nb2INLA("VCITY.graph",tnb)
> VCITY.adj <- paste(getwd(),"/VCITY.graph",sep="")

## 时空效应分解的 INLA 模型
> f.inla <- y1 ~ 1 +
+     f(ID.city,model="bym",graph=VCITY.adj)+
+     f(ID.day,model="rw1")+
+     f(ID.day1,model="iid")+
+     f(ID.city.day,model="iid")

## 设置模型参数
> lcs =inla.make.lincombs(ID.day=diag(81),  ID.day1=diag(81))

## 运行 INLA 模型
> mod.inla <- inla(f.inla,family="poisson",data=pd,E=E1,
+     control.predictor=list(compute=TRUE),
+     control.compute=list(dic=TRUE,cpo=TRUE),
+     lincomb=lcs,control.inla=list(lincomb.derived.only=TRUE))
```

由于模型中有空间自相关结构的存在，需要输入空间邻居数据（这里为 tnb），该数据可以通过 spdep 包里的 poly2nb 函数来从原始的 Shapefile 地图文件获得，代码如 3.2.1 节所示。对比式（6-18）和模型表达 f. inla，1 对应的是 β_0，f（ID. city，model = " bym "，graph =

VCITY. adj）对应的是 $u_s + v_s$，指定采用 BYM 来对 u_s 进行建模，f（ID. day，model = "rw1"）对应的是β_2，rw1 代表采用的是随机游走模型，f（ID. day1，model = "iid"）对应的是 v_t，时空随机项 $v_{s,t}$ 对应的是 f（ID. city. day，model = "iid"）部分，模型运行的结果存在 mod. inla 对象中。

代码 6-15、图 6-9 和图 6-10 展示了如何从 INLA 拟合结果中获取各时间和空间效应的估计值以及对应的结果图。第 1 部分是获取全局截距项β_0。第 2 部分是获取空间效应项 $u_s + v_s$，包含空间自相关结构和空间随机效应，其大小反映的是 366 个城市 81 天总体平均相对的风

代码 6-15   INLA 模型结果分析

```
## ==== 第 1 部分：获取全局截距分布估算
> m_fixed<-mod. inla $ marginals. fixed $ `(Intercept) `

## 可信区间
> inla. hpdmarginal(0.95,m_fixed)
                low       high
level:0.95 -2.741527 -2.533354

## 截距的期望估计
> inla. emarginal(function(x){return (x)},m_fixed)
[1] -2.637079

## ==== 第 2 部分：获取空间效应
> sp_r <- mod. inla $ marginals. random[[1]][1:366]
> zeta <- as. vector(unlist(lapply(sp_r,function(x)inla. emarginal(exp,x))))
> zeta <- log(zeta)

## 画出空间分布
> library(ggplot2)
> pxy <- data. frame(coords)
> ggplot(pxy,aes(x=X1,  y=X2,color =  zeta))+
```

```
+    geom_point(size=2.5,shape=16)+
+    scale_color_gradientn(colours=hcl.colors(150,palette="Dynamic"))
```

测试自相关空间结构解释变异性的‰

```
> mt <- matrix(NA,nrow=366,ncol=1000)
> m1 <- mod.inla $ marginals.random $ ID.city
> for (i in 1:366){
+    u<-m1[[366+i]]
+    s<-inla.rmarginal(1000,u)
+    mt[i,]<-s}
> sp.spc<-mean(apply(mt,2,sd))^2
> sp.iid<-inla.emarginal(function(x)
+ 1/x,mod.inla $ marginals.hyper $ "Precision for ID.city (iid component)")
> sp.spc/(sp.spc+sp.iid)
[1] 0.8592901
```

====第3部分：获取时间固定效应

```
> tempor<-lapply(mod.inla $ marginals.lincomb.derived,function(X){
+    m2 <-inla.tmarginal(function(x)exp(x),X)
+    inla.emarginal(mean,m2)
+ })
> tmp <- as.vector(unlist(tempor))
```

绘制趋势图

```
> dxy=data.frame(x=c(1:81),y=tmp)
> ggplot(dxy,aes(x=x,  y=y,color=y))+
+  geom_point(size=2.0,shape=16,color="blue")+
+  scale_color_gradientn(colours=hcl.colors(20,palette="Dynamic"))+
geom_line(size=1)
```

====第4部分：获取时空随机效应

```
> delta <-data.frame(delta=mod.inla $ summary.random $ ID.city.day[,2],
+   ID.day=pd $ ID.day,ID.city= pd $ ID.city)
> delta.mat <- matrix(delta[,1],366,81,byrow=FALSE)
```

绘制结果图

```
> heatmap(as.matrix(exp(delta.mat)),
+   col=hcl.colors(270,palette="PiYG"),
+   Rowv=TRUE,Colv=NA)
```

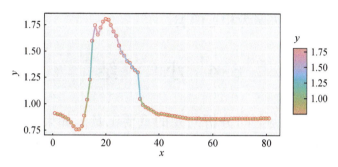

图 6-9　时间固定效应估算结果

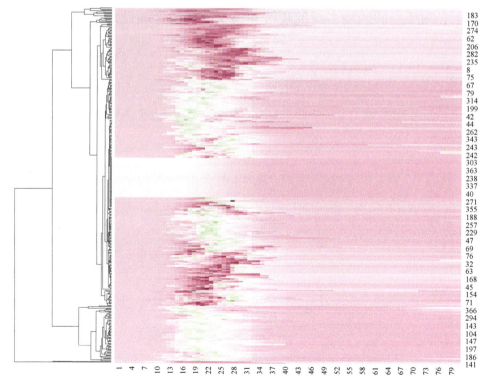

图 6-10　时空随机效应估算结果与空间系统聚类

险，其中空间自相关结构解释了空间总体变异性的85.92%。第3部分是获取时间固定效应项v_t，其大小衡量的是全国水平上81天之内的相对风险（图6-9）。第4部分是获取时空随机效应项$v_{s,t}$，反映的是在去除上述各种效应后，时间和空间上的联合变异性，如图6-10所示，其中横坐标为时间，纵坐标为不同城市，并且时空随机模式相近的城市被采用系统聚类方法聚为相近的类。

6.4 小 结

回归模型是解决空间分析问题的重要工具。如果将分区域、多因素、自相关、非线性和尺度效应等因素考虑到回归分析中，模型的复杂度和解释性就会变得复杂，但这对于时空问题规律性的深入研究和综合理解也是必要的。从应用的角度来看，在各种回归模型工具的支持下，对于空间问题本身的理解和模型结构的合理设计才是关键。

参 考 文 献

陈家鼎, 刘婉如, 汪仁官. 2004. 概率统计讲义 (第三版). 北京: 高等教育出版社.

高惠璇. 2005. 应用多元统计分析. 北京: 北京大学出版社.

王劲峰, 廖一兰, 刘鑫. 2019. 空间数据分析教程. 北京: 科学出版社.

Baddeley A, Turner R. 2005. Spatstat: an R package for analyzing spatial point patterns. Journal of Statistical Software, 12 (6): 1-42.

Baddeley A, Turner R, Mateu J, et al. 2013. Hybrids of Gibbs point process models and their implementation. Journal of Statistical Software, 55 (11): 1-43.

Bates D, Mächler M, Bolker B, et al. 2015. Fitting linear mixed-effects models using lme4. Journal of Statistical Software, 67 (1): 1-48.

Ben-Shachar M S, Lüdecke D, Makowski D. 2020. Effectsize: estimation of effect size indices and standardized parameters. Journal of Open Source Software, 5 (56): 2815.

Cribari-Neto F, Zeileis A. 2010. Beta regression in R. Journal of Statistical Software, 34 (2): 1-24.

Croissant Y, Millo G. 2008. Panel data econometrics in R: the plm package. Journal of Statistical Software, 27 (2): 1-43.

de Smith M, Goodchild M, Longley P. 2018. Geospatial Analysis: A Comprehensive Guide (Sixth Edition). Casa editrice: The Winchelsea Press.

Ester M, Kriegel H P, Sander J, et al. 1996. A density-based algorithm for discovering clusters in large spatial databases with noise. Proceedings of 2nd International Conference on Knowledge Discovery and Data Mining (KDD-96).

Forbes C, Evans M, Hastings N, et al. 2011. Statistical Distributions (Fourth Edition). New Jersey: John Wiley & Sons.

Fotheringham A, Yang W, Kang W. 2017. Multiscale geographically weighted regression (MGWR). Annals of the American Association of Geographers, 107 (6): 1247-1265.

Fotheringham A S, Brunsdon C, Charlton M E. 2002. Geographically Weighted Regression: The Analysis of Spatially Varying Relationships. New York: Wiley.

Fox J, Weisberg S. 2019. An R companion to applied regression (Third Edition). Thousand Oaks, CA: Sage.

Illian J, Penttinen A, Stoyan H, et al. 2007. Statistical Analysis and Modelling of Spatial Point Patterns. Chichester: John Wiley & Sons.

Millo G, Piras G. 2012. splm: Spatial Panel Data Models in R. Journal of Statistical Software, 47 (1): 1-38.

Oksanen J F, Blanchet F G, Kindt R, et al. 2022. vegan: Community Ecology Package. R package version 2.6-2. https://cran.r-project.org/web/packages/vegan/[2022-03-01].

Plotnick R, Gardner R, Hargrove W, et al. 1996. Lacunarity analysis: A general technique for the analysis of spatial patterns. Physical Review E, 53 (5): 5461-5468.

R Core Team. 2022. R: A Language and Environment for Statistical Computing. https://www.R-project.org[2022-03-01].

Rue H, Martino S, Chopin N. 2009. Approximate Bayesian inference for latent Gaussian models using inte-grated nested Laplace approximations (with discussion). Journal of the Royal Statistical Society, Series B, 71 (2): 319-392.

Schabenberger O, Gotway C A. 2005. Statistical Methods for Spatial Data Analysis (First Edition). London: Chapman & Hall.

Sommet N, Morselli D. 2017. Keep calm and learn multilevel logistic modeling: a simplified three-step procedure using Stata, R, Mplus, and SPSS. International Review of Social Psychology, 30 (1): 203-218.

Venables W N, Ripley B D. 2002. Modern Applied Statistics with S (Fourth Eition). New York: Springer.

Warner R M. 2013. Applied Statistics: From Bivariate through Multivariate Techniques (Second Edition). Thousand Oaks, CA: Sage.

Wickham H. 2016. ggplot2: Elegant Graphics for Data Analysis. New York: Springer-Verlag.

Wickham H, Averick M, Bryan J, et al. 2019. Welcome to the tidyverse. Journal of Open Source Software, 4 (43): 1686.

Wood S N. 2011. Fast stable restricted maximum likelihood and marginal likelihood estimation of semi-parametric generalized linear models. Journal of the Royal Statistical Society (B), 73 (1): 3-36.

附　　录

本书使用的 R 语言包

agridat	mgcv
ARTool	MuMIn
beeswarm	onewaytests
betareg	patchwork
boot	performance
car	pgirmess
caret	plm
cluster	ppcor
dplyr	pvclust
effects	rcompanion
effectsize	relaimpo
factoextra	rgdal
forestmodel	rms
fpc	rsm
gapminder	rstatix
ggdendro	sf
ggplot2	sjPlot
ggpubr	spatialreg
ggsci	spatstat
ggstatsplot	spData
Hmisc	spdep
INLA	spgwr
insight	splm
lacunaritycovariance	stars
lme4	tidyverse
lmtest	vegan
maptools	vioplot
MASS	